ようこそ、大学講師。このめちゃ楽しい世界へ。

Z世代の学生たち1039人との交流日記

飯田 勝啓
Iida Katsuhiro

風詠社

はじめに

「今期履修した授業で最も自分自身の成長を感じているのはビジネス文章表現です。メールの書き方すら分からなかったところから、分からないながらも様々な書類を書くことで、少しずつビジネス文章に慣れていくことができました。難しかったけれど、楽しかったです。ありがとうございました」。こんなコメントを20歳前後の学生から直接もらったらどうだろう。日常生活で少々、気が滅入ることがあったとしても、心に響くうれしいメッセージから、勇気と活力をもらわずにはいられないだろう。少なくとも私はそうだ。そんな私自身が感じた率直な思いを多くの人に伝えることができないだろうか。そんなきっかけから、この本を書こうと思い立った。

私はあたりまえのようにサラリーマン生活を33年間続けてきた。その間、誰もが目指すように上昇志向で上を向いて頑張ってきたつもりだったが、海外赴任から戻った後、初めて自分の置かれた立場と厳しい現実に直面することになった。それは、どこの組織にも共通する中高年サラリーマンの悲哀そのものだった。奇しくも自分がその中に、突き落とされることになろうとは思いもよらなかった。そんな衝撃的な経緯があって、それまでのサラリーマン一途の人生から、ワンルームマンションでの賃貸経営とマンション管理士の道、さらには、大学講師の世界へと足を踏み入れることになったのだ。

私にとって大学講師はこれまで無縁の世界だった。詳細は後段に譲るが、本書では私が初めて知ったこの世界を読者の皆さんにありのままに紹介し、今の〝楽しさ〟を共有するとともに、やりがいのある大学講師の世界の感動とちょっぴり悲哀を知ってもらいたい。特に近年、会社の中で居心地が悪くなって希望を喪失し、将来への不安を感じる中高年サラリーマン諸兄には、ぜひ推奨したいと思う。

いわゆる正統派の大学教員は、大学院を経て研究を重ね、専任講師・准教授から教授へとステップアップすることをいうのだろう。それはそのとおりだが、少なくとも私には縁のないこと。そのような普通のキャリアについて触れるつもりはない。本書はそうではなく、長年、何の疑問もなくサラリーマン人生を送ってきた、どこにでもいるごく普通のサラリーマンが、それまでの生活にはなかった〝楽しさ〟を体験することになった大学の、それも「非常勤講師」の世界をありのままに紹介していきたい。

大学教授と非常勤講師の格差は歴然としている。言い換えるならば教授は大企業の正社員、かたや非常勤講師は1年契約の派遣社員にあたるといってもよいだろう。このようにあてはめると両者の違いはわかりやすい。「誰が進んで、派遣社員をやるのか」と言うと〝派遣社員〟の方には失礼に聞こえるかもしれないが、ここで言いたいのは、派遣社員待遇の「非常勤講師」でも〝楽しい〟世界があるということ。そんな楽しさがあるから辞められないのだ。もちろん楽しいことばかりではない。授業の準備やら、学期終了後の成績評価などたいへんなこともある。妻からは「そんなにたいへんなら辞めれば…」とよく言われるが、それが辞められない。それは〝楽しい〟からなのだ。道楽と言っては学生に失礼だが、こんな楽しい世界を私一人のだけのものにしておくのはもったいないではないか。

授業を通じて学生たちとの接点がある。その一つひとつのやり取りは悲喜こもごもだ。本書は授業の後に「授業後日記」として書き留めたことあれこれをもとに、この〝楽しい〟大学講師の世界を「セカンドライフ」を思い描く皆さんにありのままに伝えていく。

この本の舞台はキャンパスに咲く桜がきれいで有名なことから、「さくら女子大学（仮名）」としたほか、一部の固有名詞を架空の名称にしたが、ここに書いたことは全て私が通りくぐってきた実在の話である。

車いすプロテニスプレーヤーの国枝慎吾さんは、車いすの子どもたちに、テニスで活躍できることを見せたいという思いがあって、東京パラリンピック（２０２１年）で金メダルという快挙に結びついたという。自分の生きざまが他の人々に勇気を与え、その生き方に影響するとしたら、なんと素晴らしいことだろう。

私には国枝さんほどのパワーはないが、それでも自分の〝楽しい〟世界をありのままに、将来やセカンドキャリアを考える（もしかしたら、先行きに暗雲が立ち込めている？）方々に届けていきたい。また、こうした読者に限定することなく、今どきの学生たちのことに関心を持つ老若男女の皆さんにも届けたい。Ｚ世代の若者とのほのぼのとした交流は世代を超えて、誰をもほっこりさせてくれるだろう。

本書で皆さんがほっと寛ぎのひとときを感じてもらえたならば、さらには新たな世界に一歩を踏み出す一助としてお役に立てるならば、望外の幸せだ。

２０２４年９月

飯田　勝啓

目次

付録

装画・挿絵　momobuta
協力　フルパーセント 株式会社 RelatyLS
装幀　２ＤＡＹ

ようこそ、大学講師。このめちゃ楽しい世界へ。

～Z世代の学生たち1039人との交流日記～

第1章　なんでこの世界に入ったか編

■サラリーマン生活33年を経て…。

私は大学卒業と同時にクレジットカード会社に入社し、サラリーマン人生をスタートさせた。今思えば、その頃は同期の仲間と将来の夢を語り、希望に満ちあふれていた。そんな入社3年目のとき、私にとって初めての人事異動があり、本社を離れ東北の一拠点に配属されることになった。「なんで自分がここへ飛ばされるの?」と最初はこの異動を恨んだ。そこには東京とは違う独特の世界があり、初めは仕事も生活もいろいろと苦労したことを今でも思い出す。でもその土地の人との出会いや交流、郷土の文化に触れたこと、地方都市ならではの趣味の世界を広げることもでき、たいへんな中にも楽しい思い出をたくさん作ることができた。今ではこの土地が私の第二の故郷になっているほどだ。その後一時的に本社へ戻ることがあったものの、地方拠点勤務が多く、サラリーマン人生の半分以上は地方拠点勤務と言うものだった。もっとも地方勤務が嫌だったということではない。むしろ地方にいるときの方が本社にいるよりも公私にわたり活き活きと活動できたのではと自分では感じている。

そんなサラリーマン生活を経て最後の赴任地は海外。そこは誰もが羨むリゾート地への赴任だった。そこでは日本とは違った文化や人間性あふれる人々の考え方や生活を自然に体感することになった。それまで昭和のジャパニーズビジネスマンの世界しか知らなかった私には、ある種のカルチャーショックでもあり、また40代で初めての海外勤務となって戸惑いや苦労はたくさんあったものの、ライバル会社の駐在員とは同じ境遇にあることから、互いにしがらみもなく仕事をエンジョイしていた。日本人観光客も多く、事件や事故でお困りの日本人がいれば、とことん寄り添いサポートすることができ、我ながら充実した毎日だった。

そんなときに２００１年アメリカ同時多発テロ事件が起こった。ニューヨークと私の駐在地ホノルルは８千キロも離れているが、全米の空港が閉鎖され、帰国できない日本人旅行者は不安の極限状態に陥った。そんな中で可能な限り最新の情報を提供し、少しでも不安解消になるよう現地のスタッフとともに連日、目まぐるしく動いたものだ。もう20年以上前のことだが、つい昨日のことのように感じる。この時は飛行機が飛ばず、帰国したくても帰れず、滞在費が底をつき、助けを求める日本人も多かった。それでもクレジットカードを持っている会員はカードの限度額を引き上げることで、お助けすることができたが、クレジットカードを持たない人を支援するには限界があった。私にはそんなもやもやした実体験があり、こうした日本人を救うために何とかしたいという思いから、この事件をきっかけにクレジットカードを持っていない旅行者にも、海外で即日クレジットカードを発行するスキームを創り出すことができた。これにより旅行中にクレジットカードを持っていなくても、安心して滞在できるようになったのだ。当時はビーチでうっかりパスポートや財布を置いたままにして盗まれる事件が多発していたが、そんな被害に遭遇し、失意のどん底にいる日本人旅行者にも、安心を提供することができるようになった。不安な気持ちを軽減し、穏やかにすることができ、旅行者からは感謝されることになり、私なりに「人の役に立つ」仕事の手ごたえと充実感を感じていた。今思えばこの頃、この地が私にとって最高の〝龍宮城〟だったなと感じている。

しかし、ご存じのとおり、〝龍宮城〟の浦島太郎のように楽しい日々はずっと続くことはなかった。私こと浦島太郎はおとぎ話と同じく、いつまでも〝龍宮城〟にとどまることは許されず、東京という現実の世界に戻ることになったのだ。実に6年半ぶりの日本。そして本社勤務だ。

帰国すると東京本社は移転し、以前とは環境も大きく変わっていた。その時の私は玉手箱を開けた〝浦島太郎〟そのものだった。海外の赴任地では、前任者ができなかったことを仕上げ、前述の海外即日発行カードなど自分なりに実績を上げてきたつもりだった。こうした実績も踏まえて、本社でもいろいろとチャレンジしようと意気込んでいたのだが、日本を離れている間に人事制度は大きく変わっていた。

帰国して配属されたのはクレジットカード会社の関連会社でカード会員向けの旅行を扱う部門の営業責任者だった。旅行業務に精通したプロパー社員も多く、旅行に無知な管理職というわけにもいかず、当時の旅行業界で必須の「一般旅行業務取扱主任者」（現総合旅行業務取扱主任者）資格を3か月間で取得するために必死で勉強した。慣れない業務の中でも私なりに精いっぱい頑張ったつもりだった。

慣れない日本の生活、初めての旅行部門で悪戦苦闘した2年後、本社に戻った。しかしながらそのときの職位はそれ以前より1ランク下がっていた。職位が下がれば給料も下がる。この衝撃は今でも忘れられない。赤字経営が続いていた旅行部門の責任を取らされたと後になって聞いた。今でこそ、どこの組織にも成果主義が定着しているが、このとき初めて年功序列や終身雇用制が完全に崩壊したと実感した。どんなに頑張ったとしても、成果を上げなければ評価されないという体制（考え方）はそれまでの私の考えや行動を１８０度覆すことになり、現実の世界の厳しさを痛感させられた。

それまでの会社というのは大きな〝家族〟のような存在で、その和気あいあいとした一体感の中、ある種〝ぬるま湯〟で育ってきた私には、違和感を覚えないではいられなかった。

そして、それまでいろいろなことを教えてくれた上司や先輩、ともに仕事をしてき同僚、部下たちが一人、また一人と会社を去っていった。昼休みの社員食堂では知らない若手社員たちに囲まれ、かつて苦楽をともにした顔見知りの中高年社員は片隅に追われ、残っているのはほんのわずかだけ。そんな現実の生活が目の前に起こり、この時期、これから先のサラリーマン人生に大きな不安を覚えたものだった。その不安は、さらにその先の老後の生き方までをも含み、当時の私は気持ちのうえで不安定な時期そのものだった。

ちょうどその頃、人事部主催の「ライフプラン研修」があった。「ライフプラン」とは聞こえはよいが、今で言う中高年社員がよく受ける「キャリアデザイン研修」のように、会社以外の第二の人生を半ば強制的に考えさせられる機会だったのだ。「このまま会社にしがみついていていいのだろうか？」と気持ちが沈み、この年は暑く辛い夏になった。

10年前に出版した本はこんな書き出しで始まっている。この書き出しの文章をみても海外から帰任した当時の私が精神的に追い詰められていた一端がお分かりいただけると思う。転勤で海外での生活が始まるまでは日本のサラリーマン社会に何の疑問も持たず、組織のために働いてきた。それが海外での生活とアメリカ人のライフスタイルや考え方を目の当たりにしていく中で、会社が主体ではなく自分が主体にならなくてはいけないと感じるようになっていったのだ。

次男はハワイ生まれだが、生まれる時に苦い思い出がある。それは出産予定日がちょうど日本から社長が出張で訪れる日にぶつかっていた。こんな偶然はそうそうあるものではないが、ともあれ、まだ生まれてくるまで時間がかかりそうだということから、空港まで出迎えに行くことになった。当時のジャパニーズビジネスマンとしては当然の選択だった。そのことを病院スタッフに伝えたところ、いたたまれないほどの冷たい視線が返ってきた。その中を後ろ髪を引かれる思いで病院を出たことが忘れられない。家族よりも仕事を優先することは非常識だと初めて実感した。こんな経緯もあって日本の感覚からは徐々に離れ、自分でも意識が変わっていくことが分かった。

その一方で、日本の現実の会社や仕事においてはそうはならず、変わっていった自分との大きなギャップを感じながら空回りする時間がしばらく続いた。そんなときに縁あってワンルームマンション投資とワンルーム賃貸経営の世界を知り、この世界に深く関わるようになっていった。

サラリーマン時代は給料以外の収入はなかったので、家賃収入を初めて手にしたときは、不思議な感動があった。このようにして、しばらくはサラリーマンとワンルームマンション大家《おおや》業の二足の草鞋を履いた生活だったが、賃貸経営が少し軌道になった段階で「サラリーマン卒業」を決意したのだった。

サラリーマン卒業後は、「マンション管理士」としての仕事に専念した。「マンション管理士」と聞いて、ご存知のない方もいると思うが、「マンション管理士」は国家資格で、分譲マンションの管理組合運営を区分所有者の側に立ってサポートするコンサルタントのような仕事である。「マンション管理士」として管理組合理事会と背後の区分所有者を支える仕事には、サラリーマン時代にはなかった満足感とやりがいを感じ、これぞ天性と思うに至った。

■教育とは無縁な生活。でも振返ってみると…。

そんな私にとって大学講師の世界は無縁の世界だった。でも振り返ってみると、サラリーマン時代の最終コーナー「お客様相談室」では、消費者保護のための啓発講座のゴーストライターとして室長の原稿作成や講演のアシスタント的な仕事をする機会はあった。上司のかばん持ちで、とある大学の学生向け消費者啓発講座に行ったことがある。私が直接学生に講義することはなかったが、大教室の前方ステージに座った時のワクワク感が思い出される。

また社員を対象にした業務知識や啓発講座で講師を務める機会もあった。この時は拙いしゃべりしかできず、内容についても自信は持てなかったが、人前で話をする機会に興味を持つようになった。こうした過程で、ゼネラリストのサラリーマンではなく、何か専門性を持って、人々を啓発する仕事ができたらいいな、と感じたこともあった。

この世界に「無縁」と書いたが、「教える」ということは実は無縁ではなかったのかもしれない。学生の頃、誰もがするように私もアルバイトをした。いろいろな職種を経験したが、4年間続けたのは塾の先生だった。塾と言っても今はやりの有名校への進学塾ではなく、街の小さな補習塾だ。そこで数人の小学生相手に国語・算数を、中学生には英語を黒板の前に立って教えていたことがあった。あの時はバイト代を目当てにやる学生でもできる仕事の一つとしか思っていなかったが、もしかすると今の前景なのかもしれない。さらに言えば、名前（ファーストネーム）「勝啓」の「啓」とは新たな世界を開いていく「啓発」という意味と「教え導く」という意味がある。これまで本人は気づいていなかったのかもしれないが、生まれたときから既に「名は体を表していた」のかもしれない。そう思うと感慨深いものがある。

■大学講師になるきっかけ

サラリーマン生活に見切りをつけるような我が人生の大きな転機の中で、大学講師になるきっかけは、自分の所有するマンション管理組合の理事長が大学を定年退職することになって、その後任として講師をやってくれないか、と声をかけられたことだった。最初は「何それ？」という感じだったが、知らない世界ながら「何となく面白そうだな」と、ワクワクしたことを覚えている。それまでの管理組合に関わるお仕事では、私が主にお相手する理事を務める方々は、働き盛りの方もいるが、時間に余裕ができる比較的高齢の方が多かった。こうした方々とのやり取りが多い中で、若い世代、それもZ世代の学生たちに関われることは私にとって、今までにない未知の世界へ誘われるような気持ちだった。

ただ、「面白そうだ」と思ったとしても、「本当に私に務まるのか？」という疑問は拭えなかった。話を聞くと社会人形成科目（いわゆる一般教養科目）の「ビジネス文章表現」と

「プレゼンテーション」科目とのこと。「『ビジネス文章表現』ならば、サラリーマン時代にさんざん書いたお詫び状や挨拶状があったな。プレゼンテーションといえば、管理組合向けに様々なセミナー講師をやってきた経験もあるな」と、私なりに色々考えたが、最後は「なんとかなるのかな？」という希望的観測で気持ちを押し切って、この世界に足を踏み入れることを決めた。

■授業開始までの紆余曲折

応募するためには履歴書を書く必要があった。サラリーマンを卒業するときに、もう組織に属すことはないから、二度と書くことはないと思っていた〝履歴書〟だ。民間企業と違うのは大学指定の書式なので「研究実績」や「教育実績」の記入欄があった。が、私には一切書ける実績がなかった。なにせ、教育とは私には無縁の世界だったからだ。こんなことなら学生時代に教職資格を取っておけばよかったとも思ったが、還暦を過ぎた今となっては、後の祭り。そこで開き直って、これまでのサラリーマン人生で得られたこと、サラリーマン卒業後の「マンション管理士」としての業務や管理組合向け講演のことを書き並べるしかなかった。

書類を出した後、通常であれば、採用面接になるはずだが、とんと音沙汰はなかった。一応、前任の先生からの紹介だから、無碍《むげ》にされることはないだろうと高を括りながらも、半年以上にわたり無しの礫《つぶて》。あまりの放置状態に、この話はなくなったと感じたものだ。「まあ、それならそれ、ご縁がなかったということ。失うものがあるわけではないし、まあ、いいか」と放っておいた。

日常の繁忙に追われ、すっかり忘れていた頃、一通のメールが届いた。それが採用通知だった。履歴書を出してから1年以上、半ば諦めの境地にあったこのときばかりは、新しい世界への〝切符〟が届いたワクワク感はあった。「非常勤講師」は一種の縁故採用であり、面接はないと、ずいぶん後になって聞いて合点がいった。ともあれ手元に届いた〝切符〟の開始は令和２（２０２０）年4月。２年も先のことだったので、「ずいぶん先のこと」とピンとこない感じもあった。

とは言え、〝切符〟が届いたことで、それまで幻のようだった世界を現実ごととととらえ、真剣に考えなければならなくなった。授業を軽く引き受けたものの、大学生に教えたことはない。すべてが初めてのこと。何から手を付け、この先どうしてよいのか分からないことばかりで、大きなプレッシャーを抱えた形になり、少しばかり思い悩んだ。

幸い学生時代に親交があった友人や先輩がいることが頭に浮かんだ。真っ先に私立大学の教授を務める高校の同級生に授業の見学を申し出たところ快諾してくれた。その際に大教室の講義1コマをやってみないか、という提案があった。このときは単に聴講するだけのつもりが大ごとになってしまい内心ドキドキ感があった。いろいろ悩んだ結果「元窓際サラリーマンから見た税金考」という授業を作ってみた。これが正真正銘、大学での初めての講義となった。この講義ではサラリーマン卒業後の独立の体験と個人事業主になって変わった税金や経費についての考えをまとめてみた。加えてゼミにも参加させてもらうことになり、たまたま財政学のゼミだったことから、「マンションの財政と課題」というテーマで、管理組合を例にあげて、持論を紹介した。「専門知識もない素人の講師がこんな勝手な授業をしてよいの？」と思いながらも機会を与えてくれた友人には感謝した。学生たちと直に接したおかげで今どきの学生についてのイメージをつかむ機会になるとともに、いい度胸試しにもなった。

もう一人、我らが母校出身の先輩が教授を務める長野県内の大学でもリアルの授業を見学させてもらうことができた。新幹線で大学まで出向き、聴講させてもらった。ここでもゼミに同席し、学生たちのプレゼンについて感想をコメントする機会を得た。このように大教室での講義とゼミを経験することができた。どちらも初めてのことで緊張したものの、これからの自分の授業をイメージするうえで大いに役立った。

アンテナを張って情報収集を進めていくと、ほかにも様々な情報が集まってきた。友人の大学教授からはセクハラについてだ。「研究室で女子学生と話すときは扉を開けておけ」とか「ハニートラップもあるぞ」とか。もっとも、「非常勤講師」には研究室はあてがわれないので、大丈夫のはずだったが…。前任者からも授業崩壊や学生による講師いじめの実例などいろいろなアドバイスがあり、「本当に大丈夫だろうか？　務まるのだろうか？」と不安が募ることもあった。

■担当科目はビジネス文章表現とプレゼンテーション演習

担当する科目は「ビジネス文章表現演習」と「プレゼンテーション演習」。学生にとって「ビジネス文章」は縁遠い存在だ。それを「社会人形成科目」（一般教養科目）の一つとして主体的に選択すること自体は〝偉い！〟と感じる。社会人になるまでにスキルを身につけたいという意欲は高く評価したい。とは言え、授業が始まって突然、四角四面のビジネス文例「ご厚誼を賜り厚くお礼申しあげます」では学生たちには異次元の言葉のように受け止められ、大きく戸惑うのではないだろうか。そこで、できる限り興味を持ってもらうことを優先し、到達目標は今の時点でビジネス文章をスラスラ書けることではなく、「社会人になった時」にしっかり書けるようにするための実践体験の場と位置付けた。こうしてまずは「シラバス」（注釈：講義の内容や成績評価方法などの授業計画をまとめたもの）を考え、そこに肉付けすることから始めた。今振り返っても、この基本は正しかったと思う。

また授業はテストで成績を付けるのが一般的だが、あえてテストで評価することは止めた。それは一夜漬けで丸暗記したとしても、テストが終わればすぐに忘れてしまうからだ。そのことは自分でもよく分かっている。それよりも初めての「ビジネス文章表現」にチャレンジすることが重要で、初めはできなくてもいいじゃないかと、開き直り、積極的にビジネス文章作成に取り組むことを授業の基本とした。ある意味で、学生にとってはテストで客観的に評価されたほうが点数は取りやすかったかもしれないが…。

もう一つの「プレゼンテーション演習」は文字どおり、自己アピールをしたり、相手に対して効果的に説明できるようになることを学ぶのだが、「ビジネス文章表現」と同様に、社会人の世界で様々な情報発信の場において、それができるように基本を教えていくというものである。

私は日本の政治家の多くが原稿の棒読みをスピーチと思っている点に常々疑問を感じていた。片やアメリカ人のプレゼン上手はすばらしい。聞く人への説得力に富んでいる。どうしてアメリカ人のプレゼンテーションは説得力があるのだろう、と以前から思っていた。少し前のスティーブ・ジョブズやトランプ前大統領など、大勢の聴衆を魅了するプレゼン力は大したものだ。

かつてハワイ州ホノルル市に住んだ頃、息子が通う幼稚園では、週に1回自分の好きなおもちゃを持っていく日があった。この日、幼い子どもたちは自分のおもちゃを皆に紹介するのだ。「このロボットカッコいーよ」とか「私のドールってかわいいの！」とか。子どもたちは単に皆に自慢したいだけ。「プレゼン」なんて意識はあろうはずもない。このことを「Show and tell」と言うが、幼少の頃からこんな風に育てられるのだから、アメリカ人はプレゼンテーション力が自然に身に付いていくということを目の当たりにした。これが私が考えるプレゼンの原点だ。

日本でも遅ればせながら、アクティブラーニングが積極的に教育方法として取り入れられ、自分の意見のアピールやプレゼンテーション力の育成も進んできたと感じる。ＪＡＸＡの宇宙飛行士選抜試験でプレゼンテーション力が問われるようになったという。「月面を歩いたとき、どのように感じたか」など、宇宙での体験を地球の多くの人に上手に伝えたいということからだそうだが、ビジネスだけではなく、あらゆる分野でプレゼンテーション力が問われているのだ。

またプレゼンテーションは相手の立場や気持ちになって、相手がどのように感じるかを伝えることでもある。私はこれを学生たちに教えていきたいのだ。もっとも私の場合、誰かにプレゼンを教わったことはなく、見よう見まねでやってきただけだが、授業を機に自分のスタイルを見直して、自分流に整理することもできると感じた。

■学生とのコミュニケーションツール「出席メモ」誕生

講師を引き受けた後で、友人の教授の授業を体験したことは前述のとおりだが、このとき、学生とのコミュニケーションのツールが重要であることを知った。一例として、授業での気づきや感想などのメモを毎回提出させるという方式で、これが出席票の役割も兼ねるというもの。その教授から授業後に見せてもらった学生のコメントが書かれたシートは、授業の効果を測るうえでも有益だと感じ、さっそく取り入れることにした。教授によっては「ミニッツペーパー」とか、「リアクションペーパー」などいろいろな呼び方はあるようだが、単純明快に「出席メモ」と名付けた。特にコロナ禍のリモート授業でカメラＯＦＦのまま学生の顔が見えない状況において、本書で紹介する学生のコメントのほとんどがこの「出席メモ」からのもの。「出席メモ」が学生のレスポンスを知る貴重なツールであると実感しているが、もし、これがなかったら学生とのコミュニケーションは十分に取れなかっただろうし、Ｚ世代の学生の本音を理解することもできなかったはずだ。

▲４年分の「出席メモ」の束。
～本書のかげの主役～

「出席メモ」はほかにも、次の授業の構成と進行を考えるうえで参考になったり、学生の反応から勇気や活力をもらうなど自らの授業のモティベーションを高める原動力にもなった。コロナ禍の収束後、対面授業が全面的に復活した現在も、この「出席メモ」を有効なコミュニケーションツールとして活用している。

■教材は全部手づくりで

講師を引き受けるとなると授業内容をどうするか考えなければならないが、それとともに教材をどうするかを考える必要があった。初めに前任者の教材を見せてもらったものの、自分のスタイルとはかなり違っていた。そこでビジネス文章に関する教材を探してみた。

この種の教材はいくらでもあるように思えた。まずは高校生向け参考書コーナー。ここには小論文対策など入試に関連する教材は多々あるものの、ビジネス文章的な本は見当たらなかった。（入試にビジネス文章はないから、考えてみれば当然のことかもしれないが…。）

次にビジネス系のコーナーを見ると、ここでは社会人向けの自己啓発やスキルアップとしての文章術など結構たくさんの種類があった。しかし会社組織やビジネスの基本を知らず、ビジネス文章に初めて取り組む学生の授業で取り上げる教材としては疑問が付くものばかりだった。（対象が違うのだから、それも仕方がないことだが…。）さらには資格試験コーナーでビジネス文章に関係する「ビジネス文章検定」や「秘書検定」の参考書もあたってみた。しかしどれを見ても、資格試験に合格する（させる）ための知識に偏るなど違っていた。資格試験対策が授業の目的ではないのだからこれも仕方ないことだ。

こうしていろいろ探索していったが、授業の教材として意識すると、どれも「帯に短く、たすきに長い」ものばかり。言い方を変えれば、授業の際の参考資料にはなったとしても、メインの教材として使うのに適当なものは見つからなかった。

そう考えていくと、ないならば、自分で作ってしまうしかないのかな、となるのが自然の流れだった。とは言え、パワーポイントで一から資料を作るとなると、それなりの手間ひまがかかる。通常の管理組合向けの90分程度のセミナーでも、スライド数は少なくても30。多くなると50、60以上、中には100近くになることもある。これが授業となると1学期で1科目15回分を作る必要があるのだ。プレゼンテーション科目と合わせると30回分のパワポ資料ということになる。初めはただただ気が遠くなるばかりだった。折からのコロナ禍、第一回緊急事態宣言下で外出自粛が叫ばれる中、管理組合の理事会は軒並み中止になっていった。その間、部屋にこもって、ひたすら資料を作り続けた。

結果的には、資料作成に時間はかかったが、自分の考える意図や思いをストレートに伝えられる教材ができた。またコロナ禍で、初年度は全面的なリモート授業となったことから、オンラインで配信するためには紙の教科書ではなく、パワーポイントで作る必要性、有効性がより高まった。後になって学生から聞く「パワーポイントの資料が見やすかった」、「分かりやすかった」というコメントからも、それが裏付けられたと思う。当時、世の中全体はコロナ禍で先行きが見通せず、悶々とした時期ではあったが、私個人としては授業資料作りに没頭できる貴重な日々だったと思う。もし、その日々がなかったら、とてもではないが授業開始までに準備が間に合わなかったと感じている。

後日、しばらくしてから思った。もし教材を作らず、出来合いの教材を使うとしたら、保護者はその教材を買い求めなければならない。そうだとしたら、少なくとも1千円以上、場合によっては数千円の教科書代が必要になってもおかしくはない。その点からすれば、準備はたいへんではあったが、教材を全部自分で作ったことで、学生に無駄な出費を強いることはなくなった。結果的に学生・保護者に寄り添ったことになったのではないだろうか。

■コロナ禍、第一回緊急事態宣言を受けて

日本の社会が直面する初の緊急事態宣言が社会全体に影響を及ぼしたことは記憶に新しいが、コロナ禍により大学も混乱した。この年の授業開始はゴールデンウィーク明けに延期されることになったのだ。でも結果的に、資料作成の期間が1か月伸びたことで、私にとってはラッキーだった。ただ、連日の授業資料作りなどのハードワークと授業が近づくプレッシャーに体が悲鳴を上げた。その後に忘れもしない体験をすることになるとは…。

ゴールデンウィーク終盤の夕食後、じわじわと吐き気と苦しさがこみあげてきたのだ。横になっていれば収まるかと思い、横になるものの、意に反して楽になることはなく、そのま

ま長く眠れない夜になった。自分ではどうしようもできない苦しさに悶々とした。が、未明になって、「このまま朝までは到底待てない」と、ついに苦しさに耐え切れず、かかりつけの循環器内科がある大学病院に電話することにした。夜勤の看護師さんからは、まずは病院に来るように言われタクシーを拾った。寝てられないほど苦しいながらも、コロナ禍で混乱しているであろう病院に行くこと自体が憚《はばか》られた（こんな症状では病院に行ってはいけない！）気分ではあったが、終わりのない苦しさには耐えられなかった。でも、結果的に行ってよかった。そこでの診断は急性胆嚢炎だった。当然ながらそのまま緊急入院となるが、ストレッチャーに乗せられ、病室へ移動することになり、とにかく今の苦しみから解放されることに安堵した。

以前から胆石の兆候はあったが、こんなことになろうとは想像すらしていなかった。授業を目前に控え、なかなか準備が進まない日々を過ごし、目に見えないプレッシャーとストレスがあったのだろうと振り返った。授業開始直前のドタバタは、今思うと本当につらい時期だった。

■授業スタートは全面オンラインで

新任講師が初日の授業を迎える日。本来だったら、桜の花びら舞うキャンパスに向かい、教室で初々しく学生と対面するところから始まるはずだったのだが…。残念ながらコロナ禍

★コロナ感染拡大に翻弄された授業形態

年次	学期	授業形態	コロナ感染波	行政対応
2020年	春学期	全面リモート授業	第１波	緊急事態宣言 第１回（3月～）
	秋学期	〃	第３波	緊急事態宣言 第２回
2021年	春学期	半数リモート授業	第４波	緊急事態宣言 第3～4回（4月～）
	秋学期	〃	第５波	
2022年	春学期	〃	第６、第７波	
	秋学期	〃	第８波	
2023年	春学期	対面授業全面復活		コロナ感染症第５類への移行（5月）
	秋学期	対面授業		

※緊急事態宣言は東京都内で発令のもの

のため全面リモート授業で講師デビューすることになった。

　こうして誰も経験したことのないコロナ禍でのリモート授業は、自宅のＰＣからの配信となる。まるで管理組合向けオンラインセミナーのような感じで、授業という実感はない。「大学の授業はこんなものなのかな？」と不思議な気分だった。授業はどんなペースで進めていけばよいのか、タイミングや時間配分が今一つ自信が持てず、仕方なく90分間の進行表を作ってみた。これを見ながら何とか、授業の進行をイメージすることができた。

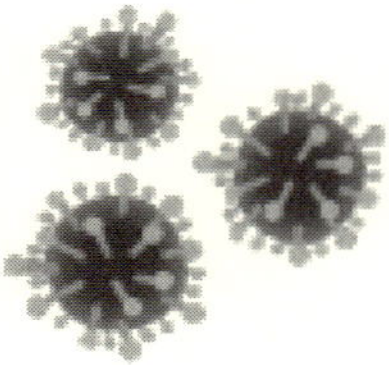

緊張で迎えた初日の授業だったが、いざ始まってしまうと何とかなるもので、時間が経つのは早く、あっという間に終わってしまった記憶が残っている。途中、昼休みを挟んで無事にこの日の３コマが終了。この数か月間のプレッシャーから解放され、久しぶりの安堵のひと時だった。こうして我が大学講師の世界の幕が開けた。

第2章　今どきのZ世代学生気質（観察）編

■Z世代の若者に興味津々

マンション管理士としての仕事は管理組合を実際に運営する理事会の方々とのやり取りが中心である。この理事会は、昨今の〝タイパ〟（注釈：タイムパフォーマンスとは自分の時間を重視する若い世代の価値観）の影響もあるのだろうが、働き盛りの現役世代にはなかなか役員を引き受けてもらえず、比較的高齢の方々によりボランティア的に運営されているのが実情だ。そんなことから私の行動範囲も、付き合う範囲も中高年者が多かった。年齢相応の付き合いは当たり前のことかもしれないが、ミーティングやセミナーのお相手が若い世代が対象になることは本当に少なかった。ましてや10代、20代のZ世代との接点などは皆無だったこともあり、この世代の思考や行動にあまり関心を持つことはなかった。それゆえに若い世代と関りを持つこと自体が新鮮だった。そして接点を持つならば、その関心や考え方を知らずして、共感や理解は得られるはずはない。授業を受ける世代の相手を知ることは当然必要なことだと考えた。

こうして自分の世界が少し広くなったように感じる。従来のやり方に留まらず、新しいことに目を向けるようになったとも感じる。これから齢を重ねるごとに、ますます世界が狭くなるはずだが、そうならないためにもこの選択は正しかったのかもしれない。

また単に若者たちと接点を持つことだけでない。少し大げさかもしれないが、自己満足的な言い方をするならば、「若い世代に自分の知見を伝えられる」というサラリーマン時代にはなかったやりがいを感じることも大きいのだ。

これらがこの仕事を引き受けた理由の一つだったが、その一番大きな動機はなんといっても、知らない世界を知ることが「楽しいだろう」という思いがあったからこそで、次第にこの世界にのめり込んでいった。何がそんなに楽しいのか、この後皆さんに紹介していきたい。

▲キャンパスの緑の中でのランチタイム。若い世代の楽しげな光景を見るとほのぼのした気分に…

■昔の学生よりもはるかに意欲的!?

講師としてZ世代の学生たちと関り始めて5年目になるが、最初から感じていることは、

授業資料　言葉の使い分け

◆貴社と御社の使い分けが面白いと感じた。
◆貴社の他の使い分けも知りたい。
（授業出席メモより）

	謙譲語	通常表現	尊敬語（文書）	尊敬語（会話）
会社	弊社	当社	貴社	御社
事務所	弊所	当所（当事務所）	貴所（貴事務所）	ー（こちらの事務所）
研究所	〃	〃　（当研究所）	〃　（貴研究所）	ー（こちらの研究所）
組合	弊組合	当組合	貴組合	ー（こちらの組合）
銀行	弊行	当行	貴行	御行
学校（大学）	弊校（弊学）	当校（当学）	貴校（貴学）	御校（"御学"とは言わない）
病院	弊院	当院	貴院	ー（こちらの病院）
寺	弊寺	当寺（当院、当山）	貴寺（貴院、貴山）	お寺さん（こちらのお寺）

全部覚える必要はないが、知ってると博学！

▲授業で取りあげたパワーポイント資料より

今の学生がまじめで意欲的なことだ。中には後の章で紹介するように、課題にまったく手がつけられない学生もいる。そのようなことから指導するうえで苦労したり、手こずったりということもあった。ただ、細かな点はいろいろあるものの、全体からすればとってもまじめだということだ。一大学の１科目を見ただけで、学生全体の評価はできないが、それにしても、決められた課題を授業翌日までという限られた時間で提出してくるのだから「エライ！」と率直に感じる。

「ビジネス文章表現演習」では、ビジネス特有の熟語を取りあげることがよくある。相手の会社のことを尊敬の意味を込めて文書では「貴社」、会話では「御社」という。自社のことをへりくだって「弊社」という。社会人の世界ではごく当たり前の使い分けだ。それが会社でない銀行だったら「貴行」、相手が学校だったら「貴校」という使い分け。そんなことを説明し、「初めてその違いを知った」という学生が多いことに驚かされる。学生から、なぜ会話では「貴社」ではなく「御社」なのかと、質問があり、最初は答えに窮した。色々調べて、「貴社《きしゃ》」には同音異義語で「記者」「汽車」「帰社」「喜捨」など多数あって、間違いやすいからという説を説明した。

また「思う」という意味で使うビジネス用語「思料」。資料を受け取るときのビジネス用語「査収」、なにか物を受け取ってもらう時の謙譲語「笑納《しょうのう》」。最大限のお詫びの言葉「寛《かん》恕《じょ》」などなど。学生たちにとっては初めて耳にする言葉を取り上げた授業後の「出席メモ」では必ずと言っていいほど、「ビジネス独特の表現など新しい知識をたくさん得られてよかった」、「知らない言葉もたくさんあるなと感じたからもっと知って、覚えて使えるようにしたい」など、知らないことを吸収したいという意欲的なコメントが毎回のように返ってくるのだ。さらに日本語には敬語があり、微妙なニュアンスの違う幾種類もの表現があったり、難しいものだが、それだけ奥が深くて興味深いものでもある。もっと違った知らない表現を積極的に学んでいきたいという学生たちには、ならば「この言葉は知っているかい？」と新しい表現を次々提示することが楽しく、教える甲斐があるというものだ。

何十年前の学生と比べること自体ナンセンスではあるが、少なくとも自分はそんなに大学では真面目に学ばなかったように思う。まして一般教養科目など眼中になかったと言っても過言ではない。（諸先生、ご免なさい！）その一方で、大学では色々な考え方や社会人としての処し方など現在の生き方の根底となるものを学んだと思う。でも科目単位でその学習成果をみたときに、学生時代に得られた知識で今も残っていることがあるかと言えば、疑問である。そんな点からも、社会人に向けて思いっ切り意欲的な今の学生たちにはエールを送りたい。

■授業中に当てられたくない学生たち⁉

授業は講師からの一方的な講義にならないようにと、できる限り双方向性を意識して進めている。その一つに「さくら商事」と言う架空の会社で部長と新入社員の掛け合いによるロールプレイング（通称「読み合わせ」）をベースにビジネス文章を作成する場面を共有している。この「読み合わせ」に協力できる人はいないかと、学期の初めに立候補を募った。だいたいクラスの3割ほどの手が挙がるが、その学生たちには毎回の授業で協力してもらいながら授業を進めていった。授業を進めていく中で「読み合わせ」に指名された学生からは「初めて指されて、ずっとマイクでロールプレイングの文を言いたかったので、今日夢が叶えられてすごく嬉しいです！」と。「そうかい、そんなに『読み合わせ』の順番を待っていたのかい…」こんな殊勝な学生がいたことに驚いた。

そんなある日のこと、立候補していた学生の名前を呼ぶも返事がなかった。これは授業当日に欠席の場合もあるので、決して珍しいことではない。でも毎回出席している学生なのに「おかしいな」と思いながら、その学生を飛ばして次の学生を指名した。ところが、授業後に返事がなかった学生から課題と「出席メモ」が提出されてきた。欠席のはずが「あれ？なんで出てくるんだ?」と訝った。そこで「出席メモ」をよく読んでみたところ、こう書かれていた。「読み合わせのとき、名前を呼ばれたのですが、恥ずかしくて反応できずスルーしてしまいました。申し訳ございません」。そこで初めて「そうだったのか」と納得した。ほんのちょっとのセリフを読むだけなのだが、教室の皆の前で読むこと自体が負担になっていたのかもしれない。「皆の前でマイクを持って読むことは、一度やってしまえば、どうってことないことなんだけどね。でも抵抗感があるのは仕方ないよな」。こんな言葉をかけたいくらいだった。「こういう場面を繰り返しながら大人になっていくんだぞ！」と温かく見守ることにした。

他にも学生を授業に引き込むために、ちょっとした質問を学生に問いかけたり、クイズ的に答えを聞き出したりしてきた。学生との間で禅問答のようなキャッチボールをするイメージだ。こうしてきたこと自体は今も間違っているとは思わないが、ある日書店で『先生、どうか皆の前でほめないで下さい―いい子症候群の若者たち』という本を目にした。現役の大学教授が書いたもので早速、全ページ読んでみた。興味深いことがいろいろあったが、その中でも「学生が最も嫌がる講義ランキング」が印象的だった。学生が嫌がることとしては、「いつも授業時間を延長する」や「成績上位者が公開される」、「内容が難しすぎる」などが並ぶが、それらを引き離して断トツのトップが「当てられること！」とあった。なんということか。それまで、よかれと思ってやってきたことが、学生に最も嫌がられていたとは…。信じていたものが、ガラガラと崩れるような思いだった。大学生の息子に同じことを聞くと、「そんなの当然のこと！」と涼しい答えが返ってきた。何も迷わずに同じ答えが返ってきたところをみると、知らないのは自分だけだったのか、と思い知った。「ああＺ世代よ！」

■質問できない学生たち、突飛な質問してくる学生たち

シャイな学生たちであることを理解し、分からないことは教室でも、「出席メモ」でも、何でも聞いてくるようにと門戸を開いてきた、とは言え、シャイな気質のせいなのか、質問自体が少なかった。新しい分野に関わると、分からない疑問が出てくるものだが、残念ながら、そうはならなかった。そのため「出席メモ」に質問コーナーを作ってみることにした。するとどうだろう、それまでと違って、いろいろな質問が寄せられるようになってきた。「聞きたくても単に聞けないだけだったのか」と考えさせられた。そして毎回「出席メモ」に寄せられた質問を次の授業の冒頭で取りあげ、皆で共有するようにした。これが好評で、「他の人の質問では自分では思いもつかなかったものが毎回学べるので勉強になる」、「毎回

の授業の始めにフィードバックがあり、それが本当にためになることばかりです。（学生の意見を求めてフィードバックされる授業は多いわけではないので）」など反響があった。「そうなんだ」としみじみ思った。一方で他の先生方は学生の反響や意見はいちいち聞いていられないのだろうか、と素朴に感じた。いずれにせよ学生の気質を理解して授業を行うことの大切さをこのとき実感した。「質問に対して丁寧な解説やお話をしてくださり、ありがたいです。疑問で終わらず、さらに改善まで見つけられるので、理解しやすいです」と言うコメントをみるにつけ、グッときたものだ。

その一方で、面白い質問もいろいろある。「先生はどのタイミングでビジネス文章を学んだのですか？」、「先生が今まで一番多く書いた文書は何ですか？」。これらは学生には素朴な疑問だと思い、「教わるというよりは、仕事の中で色々な文章を数えきれないくらい書いたよ」と答える。「先生はアナウンサーの経験があるのですか？」これには「なんで？」と思うが、学生からすると、しゃべりに慣れていると感じるようなのだが、「アナウンサーはやったことないよ。セミナーの場で話すことはたくさんあるけどね」と答えた。他にもパワポで我が半生の自己紹介した後の質問では「先生はどんな本を読むのですか？」、「今、どんな本を書いているのですか？」とか、突っ込んでの質問には枚挙に暇《いとま》がない。

こんな中、質問コーナーで唐突に「朝食ビュッフェは何往復するタイプですか？（私は

２回です）」さすがにこれには「はあ？　これなんだい…？」と感じた次第。質問の後段に「朝食ビュッフェの質問は、生き様が見えるので質問させていただきました。気軽に答えてくださいナ」と、友だち感覚というのか、なんというのか。これは他の質問とは異質だったので冒頭の質問コーナーでは紹介できなかったが、授業途中の息抜き〝ブレイクタイム〟でハワイの食文化バッフェ（Buffet: 食べ放題形式）の紹介がてら答えた。私は「どちらかというと、一度にたくさん盛り付けてしまうタイプかな…」と。学生からのちょっと突飛な質問を見るのも、答えるのも興味深い。でも、次の授業で「先生は地球最後の日に何をしますか？」これには「おいおい、ここまでいくと授業とはかけ離れてしまうよ…」という気になって、少々複雑な心境になってきたものだ。

■自己紹介と10年日記

毎学期授業の中で、学生には私の自己紹介をしている。自己紹介と言ってもいろいろあろうが、私の場合は、なぜ今ここにいるのか、今の大学講師に至るまでの経緯を知ってもらうために自分のこれまでの生きざまを写真付きでパワーポイントに落とし込んで紹介するようにしている。

我が学生時代、サラリーマン時代、独立後の世界、そして現在の立ち位置など、話せばそれなりに経験していることになり、学生から見るとそれ自体がスゴイことのように見えるようだ。それもそのはず。20年くらい生きてきた学生からすれば、60年以上生きてきた者の経験を比べると3倍以上になるのだから、当然のことかもしれないが…。

「両親が旅行好きでハワイに数回ですが言ったことがあるので、先生のハワイでのお話をもっとお聞きしたいです」、「先生の自己紹介で、すごく貴重な経験をたくさんしていたのが印象に残りました。色濃い経験の一部をもっと知りたいです!!」、「海外現地で即日発行のクレジットカードは当時たくさんの人が助かっただろうなと思いました。ここまで大きなことはできないかもしれませんが、将来人の役に立つ仕事をしたいと改めて感じました」、「マンション管理士の資格や仕事は興味深かったです。こんな資格があるのは知らなかったのですが、きっかけの悪徳管理会社との闘いは感銘を受けました」。いずれも「出席メモ」での感想の一コマだ。

自己紹介の中で、アメリカ同時多発テロ事件にホノルルで直面したことを触れた際、学生の「両親がハネムーンで帰国できなくなった話を聞いたことがある」というコメントが返ってきた。自分ではつい昨日のことのように感じるが、「そうか、これってもう歴史上の事件になっているのかもしれない」。歳月の過ぎる早さを実感するとともに、不思議な気分になった。

そんな自己紹介の中で、過去を記録するツールとして「10年日記」を必ず取り上げている。

「10年日記」はご存じの方もいるだろうが、同じ日付のページに10年分書けるようになった日記帳のこと。それゆえに同じ日付で1年前、5年前、10年前を遡って一覧できるようになっているところに特徴がある。私も30代の頃、たまたま訪問した金融機関の方から、こういうものがあるよと聞かされ、興味をもって始めたもの。そこには1日のできごと、感動や共感。中には失敗や後悔も。どんな些細なことであってもメモのように書き溜めてきた。以来30数年。3冊が完了し、現在4冊目に入っている。日記は長続きしない代名詞のようなものだが、「10年日記」の1日のスペースはわずか3行。書けることは限られている。だからこそ、毎日続けられるのだと思う。今では完全に日課になって書かないことはあり得ないまでになっている。また10年日記は自分の生き様を記した「自分史」そのものであり、自分の過去がその中にあると言っても過言ではない。それくらい大事なものになっている。私にとって一番大切なものは命や家族だとして、その次に大事なものが「10年日記」だ。そんなことを話したら、「先生の生きてきた証を残しているのが凄く素敵でした」、「自分のやってきたことが大切に思え、うれしかった」という声まで出てきたものだ。

▲４冊目に突入した“10年日記”

　こんな10年日記だが、ＩＴ時代の現代において、昔の人の戯《たわ》言《ごと》として聞き流してもらえればそれでよいと思っていた。だから学生たちに無理に勧めることはしなかったのだが、さにあらずだった。「『10年日記』は日々を生きるだけになっている私たちに、この考えはすごく重要だと思いました」、「10年日記をやってみたいなと思った。あの時何をしていたのか、このノートで久しく気づける！　すてきなノートだなって思った」など、「10年日記」への反響が大きくて驚かされた。時代も世代も変われども、通じるものはあるのだなと実感した。

■パソコンよりスマホ支持世代

今どきの学生がスマホをサクサク駆使していることは知っている。ＩＴの時代の学生たちは小学生の頃からスマホを使いこなしてきているのだろう。ＯＥＣＤ（経済協力開発機構）のＰＣスキル比較の国別調査では日本人でＰＣを使いこなせる人は3分の1程度、逆に使えない人が3分の1というデータもある。これらからＰＣを使いこなしている人が意外に少ないことが分かる。

まあそれはそれとして、現在の会社や組織の中ではメールは今も不可欠な手段であり、ＰＣが使えて当たり前。使えないと「あれ!?　ＰＣが使えないの？」というネガティブな印象を持たれる懸念を学生に話している。どうせなら、ＰＣを使いこなして、〝デキル新入社員〟になろうと言っているのだが、授業中にアンケートを取るとバイトで使っている一部の学生を除くと、メールはほとんど使わないという傾向が見られた。

「そんなものなのか」と訝ったが、多くの学生がＰＣを使わない結果としてメールの使用実態についても信じられないような結果が出た。あるクラスのアンケート調査では、毎日使うはわずかに４％、時々使うが26％、ほとんど使わないが70％という結果には驚かされる。ある程度は想定していたが、まさかこれが実態とは…。コミュニケーションは専らＬＩＮＥでというのが今どきなのだ。それ自体は驚くことでもないことなのだが、ともあれ、この授業中は「さくら商事」という会社で社会人の模擬的な体験の一環としてＰＣを持ち込み、ビジネス文章を書きながら、少しでもＰＣに慣れるようにと鼓舞している。ＩＴリテラシーが決して得意とは言えない私がこう言うのもなんではあるが…。

「ビジネス文章表現演習」ではビジネスメールを一つの単元として取り入れているが、初心者や不慣れ者が大半であることを踏まえ、メールの基本的な機能として宛先（ＴＯ、ＣＣ、ＢＣＣ）や開封確認を解説すると、出席メモから「メールの便利な機能など初めて知ることばかりで新鮮だった」、「ＣＣとＢＣＣの違いが分かった」と想定どおりの反応があった。なんとなくＣＣは知っていても、使うことはなく、ましてＢＣＣをやだ。学生たちにとってはいかにメールが遠い存在だということがよく分かる。「出席メモ」で「ＬＩＮＥなど便利なツールがある中で、なぜメールがまだ使われているか疑問が解決した」のようにビジネスにおけるメールの重要性が理解されたことを知って、こちらも取りあげてよかったと思う。その一方でゼミや文化祭実行委員会などでチャット機能がある新時代感覚のメール「Slack」を使ったことがある学生も複数いて、時代の波がこんなところにも押し寄せてきていることを感じさせられた。

授業の中では作成したメール文章を実際に「開封確認付き」でメール送信を体験させる。実際に15分程度のワークの時間内に送信できたのは50名のクラスで10名足らず。やはり短時間では難しかったことだろう。それでも実際に体験することが重要だ。普段やらない（やる必要がない）メールなだけに体験してもらうことで、少しでも身近に感じてもらうことが狙いだ。出席メモのコメントで「メールの開封確認通知が実際に来ていて安心した」という声に、体験しなければ分からない機能を実感してもらえたと感じる。

思えば私たち（60代）の世代が入社した頃にはメールがなく、その後社会の変化とともにメール文化と付き合ってきたが、今の学生たちはＳＮＳなどコミュニケーションツールではその先を行っている。そんな学生から「社会人になってから役立つことを先取りできたようで嬉しいです」、「インターン先の方とメールでやりとりする機会があり、この講義のおかげで書くことができました。これからもメールを使う機会が多くあると思うので、忘れないよう学び続け、活かしていきたいです」など反響があること自体が、教える側のやりがいを実感させてくれる。

■意外に古風な感覚のデジタルネイティブ

授業の中では、現代のビジネス社会の動向も伝えるようにしているが、コロナ禍を機にビジネス社会のＤＸ化が急速に進んでいることを話してきた。その一つに稟議書の電子化がある。従来は稟議書を持って役職者のところに行き、ハンコをもらう日本独特の文化があったが、電子化され、ハンコの代わりに決裁者がクリックで、承認していく方式を紹介したことがある。「ハンコからデジタルに時代が変わっても、ビジネス文章で表現することは変わらないよ」と伝えることが狙いだ。そのときの「出席メモ」では「効率よくできてよくなる」という肯定的なコメントに交じって、「ハンコの日本の文化がなくなると少し寂しい気がする」という学生がいたのには驚いた。それも複数だ。デジタルネイティブ世代だが、何でもかんでも、効率やデジタル一辺倒ではないのだな、と意外な思いであった。

後段の「付録」の章でも紹介するビジネス文章の前文の挨拶で使用する「時下」という表現。これは時候の挨拶に代わるもので、一年中季節を意識せずに使える便利な言葉だが、それによって時候の挨拶が使わなくなることについても、「時候の挨拶を覚えなくてよくなる！」というラクができることを肯定するコメントに交じり、「日本の文化がなくなって少し寂しい気がする」とハンコ文化と同様、やや古風なコメントが返ってくることもあった。こんなところから、外見で見るのとは違ったＺ世代の学生たちの素顔を垣間見る思いがした。

■小論文が苦手な学生たち

学生たちにとって小論文とは大学入試の一科目だが、特にＡＯ入試（注釈：２０２１年度から「総合型選抜」に改称）では大学が求める人物像を知るのに適した試験科目だ。この入学試験を無事クリアし、入学できたときから「小論文」とは〝オサラバ〟と思っている学生のなんと多いことか。そんな学生たちに社会人になっても「小論文」を書く機会が少なからずあることを話すと一様に驚く。もっとも社会人の世界では「小論文」とは言わないが、報告書や各種レポート、稟議書添付資料や社内報での紹介文まで様々な種類の文章を書く機会がある。私の場合は仕事がら地域情報紙のコラムやマンションオーナー向けの連載コラム執筆など多くの機会があるが、従事する仕事によっては「小論文」的な文章を書くお仕事も結構ある。

学生の多くは書くことが苦手だという。小論文の構成は一般的に「序論・本論・結論」という形式で書いていくが、書き慣れていくと決して難しくはない、はずなのだが…。そんな学生たちに授業ごとに課題を出す。学期末の課題は大学の紹介（文字数指定１０００字）だが、その他に授業の中でも２００字程度での文章を書く機会を作っている。それは書くことにまさる上達法はないからだ。

学生にとってはそれまでにも、「小論文」を高校生までのどこかで習ったことはあるはずだ。が、「書き方」としては教わったことがなかったというコメントが聞こえてくる。そんな学生たちに「小論文」の書き方の〝極意〟を伝授する。〝極意〟などという大それたものではないが、掴み（序）とオチ（結論）を読み手に感じてもらえるようにほんの少し工夫するだけでよいのだ。

「出席メモ」でのコメントから、「私は小論文を書くのが苦手なのですが、今回の授業で少し書けるような気がしてきました。今回の授業で興味を持ったことは小論文（レポート）は情報が命ということです。今まで小論文などは書く能力や発想が大事なのだと思っていましたが、事前の準備や情報が大事なのだと知りました。確かに情報さえあれば書くことがたくさん思い浮かんでくるし、自分にとっても書きやすくなるものだと思ったので小論文を書くときは情報をしっかり調べたいと思いました」。よし！　よく理解してくれた。「力作を期待しているぞ！」という気分になる。

かくして学生たちの課題として提出されたものを見ると、「これはグッ！とくる」ような作品が多数ある。「小論文」は苦手だという声は多いが、やればできるんだということがこれらの課題の出来映えからもよく分かる。要は食わず嫌いなだけではないだろうか。書くことに慣れてしまえば、抵抗は少なくなっていくはずだ。加えて、書くときはそれぞれの「個性」が重要になることを強調している。この回の授業のキーワードはもちろん「個性」だ。「個性」があってこそ、その文章はいきいきしてくるものである。学生からは「ですます、なのかである調なのか」とか、書き方の制約についての質問がよく出るが、字数制限や特別の指定がない限り、自由に書いてよいのに、変に「このように書かなければならない」とか決めつけているようにも感じられる。「指定がない限り、個性を前面に出してよいのだよ」と事あるごとに言うようにしている。それにしても学生それぞれの個性と人間味が伝わってくる力作の課題を読むのは楽しいものだ。

■就活で感じる社会人への漠然とした不安

学生にとって社会人生活は未知の世界であり、不安に思うのは当然のことだろう。

採用経験のある友人をゲストスピーカーとして授業に招いたことがあるが、学生にはその授業前に社会人になる前の段階での不安をアンケートで答えてもらった。すると、出るは出るは、不安だらけの心理状態が明確になったのだが、その不安を分析すると次の６つのカテゴリーに分類できる。それは、

①今、何をすればよいか分からない不安
②自分をアピールできるか分からない不安
③就職先が見つかるのか分からない不安
④自分の進む道が分からない不安
⑤ブラック企業への不安
⑥社会人として働くことへの不安

このうち①「今、何をすればよいか分からない不安」と、②「自分をアピールできるか分からない不安」に対しては、まずは自己分析すること。そして強みと弱みを把握することで、不安が解消されることを話した。これについては「出席メモ」で「未知過ぎて不安だったので今回の授業を通して今自分がやるべきことを考えられたと思います」、「不安でたまらない就活でしたが、自分を最大限知ってもらうにはどう動けばよいかを考えることだと思い、やるべきことが見えてきました」というコメントがいくつもあって、まずは道先案内できたと実感した。

不安の一つ、③「就職先が見つかるのか分からない不安」はもっともだ。将来の重要な選択肢である就職先が見つかるかどうか、不安に思うのは誰しものこと。コロナ禍が明け、人手不足の中では就職難も薄らいだが、コロナ禍においてはその不安は大きかった。

企業が求める人材には、主体性、協調性、意欲、それに個性のアピールが重要だ。その要素を「エントリーシート」で最大限アピールする。「エントリーシート」は個人が発信するビジネス情報で、広義のビジネス文章とも言えるため、授業の一単元として取り入れているが、昨今ではエントリーシートや面接での対応に関するマニュアルを信奉する学生が多いという。面接の場で学生の強みをアピールする実例として、バイト先での「業務改善」を判で押したように挙げてくる実態をゲストスピーカーから披露してもらった。喫茶店、居酒屋、家電量販店と業種は違っても、同じ切り口で「業務改善」してきたことを強みとしてアピールするノウハウがマニュアルで謳われているとか。採用する側が何人もの学生からマニュアルどおりの「業務改善」実例が披露され、うんざりしていることを当の学生は分からないのだろう。

また、学生が企業名を知っている先は、航空、旅行、銀行、メーカーでは自動車、食品など消費者を顧客にするほんの一握り（氷山の一角）に過ぎないこと、逆に名前を聞くことはなくても成長している分野がＩＴを始め、素材や部品などＢ to Ｂの企業にもたくさんあることを説明した。

自分が知っている企業名で選ぶとなると非常に狭い範囲しか選べないことから、それを乗り越えるためにスカウト型（オファー型）の就活もあることを話した。これは登録しておけばオファーが来る、今はやりの転職エージェントのようなもの。現在では新卒にもこうした仕組みがある。「スカウト型の就活を初めて聞いた。就活での自分の知らない企業があるという事がとても印象に残った。自分のことを必要としてくれる会社を発見できるきっかけになることもあるのだと分かった。視野をもっと広げてどんな会社があるのか調べていきたい」、「私を拾ってくれる企業なんてあるのかなと思っていたけれど、企業の探し方で、学生が知らないだけで企業はたくさんあるというので、少し心に余裕が生まれました。これから来ると言われている分野で探してみようと思います」など。この授業を受けている１～２年生にとって就活はまだこれからだが、今から意識を持っていけば、きっとよい選択ができるだろうと期待を込めて思う。

そんな不安の一つ、⑥「社会人として働くことへの不安」もよく分かる。これについては、先輩の学生も同じように不安を感じながらも、就職して立派に勤めていることを話した。「出席メモ」では、「先輩たちは立派な社会人になって勤めていると聞いて、大学に入る前も、この大学に合格できるか、授業についていけるか不安な気持ちでいっぱいだったなという気持ちを思い出しました」と考えを変えるきっかけになったら、よかったと思う。

それとともに会社で働く場合には上司が部下に定期的に〝フィードバック面談〟を行い、新入社員が思う不安や悩みなどを相談できる機会が用意されていることを付け加え、学生の不安を和らげることもあった。

この授業の後の「出席メモ」では次のようなコメントがあった。「（会社では）フィードバック面談があることを初めて知りました。悩みや相談したいことがある社員も安心だし、仕事への意識が高まると思いました」とか「フィードバック面談は、私のバイト先でも似たようなことが行われています。４か月に一度、店長と面談をして、今までの４か月は何を頑張ったのか、そして今後の４か月は何を頑張るのかを話し合います。バイト仲間の誰をロールモデルにするか、具体的に何をできるようにしたいかを話し合うことで、目標が明確になり、モティベーションにつながるので、とても重要なことだと改めて感じました」と、社会人さながらの経験をしている学生がいることを知り、授業前に〝フィードバック面談〟の話は学生にはピンとこないかと少し疑問に感じていたものの、さにあらずで授業の中で話題に取り上げてよかったと感じた。

■がんばれ、ハンディキャップの学生よ

自律神経失調症などハンディキャップのある学生には配慮するよう、教務課から指示がある。多様性の時代のせいか、大学も〝配慮〟が必要な学生に対して寛容になってきたように思う。担当するクラスでも毎学期一人か二人、その対象になっている。

そんなある日、学生からポータルで〝配慮〟に関する相談があった。以前教室でも直接本人から相談があったので、極力〝配慮〟するとは伝えていた。こうした中でその学生が授業中に眠ってしまう場面があった。いろいろ不調があるのだろうと分かったうえで、そっとしておいた。もちろん授業中には課題に手が付けられていなかった。そんなことがあった翌日、提出された課題を見て驚いた。実によくできているではないか。きっと家に帰ってから頑張ったのだなと感心した。ハンディはあったとしても学ぼうとする意欲はできる限り尊重していきたいものだ。

そして今期も一人、出席日数が足りずやきもきさせられた学生がいたが、無事にクリア。頑張ってる学生がハードルをクリアしたときはうれしい限りだ。また前期の授業で頑張っていたのに、学期の最後に、どうしたわけか課題の提出がないまま、連絡がとれなくなっていた学生がいた。それが新学期の授業に新学期の学生として参加していたのだ。一見して体調を崩したように見受けられた。「どうしたの？」とはさすがに聞けないが、再度チャレンジする姿勢は素晴らしい。そんな学生たちには「がんばれよ！」と声援を送りたい。

■親子で学ぶビジネス文章⁉

オンライン授業でカメラＯＦＦならば、寝ころんでいようが、画面の向こう側に誰がいようが、こちら側では知る由もない。まあそれはそれでよいのだが、「出席メモ」でこんな報告があった。「私は実家暮らしなのですが、オンラインで受けていると、この授業の時間だけ母が部屋に来て授業を聞いてることがたまにありました。母は仕事で経営に関わることが少しあり、ビジネス文書を書くのですごく勉強になると話していました。母はこのような科目の授業を受けたことがなかったので『将来すごく役に立つ授業を履修できてよかったね』と何回も言っていました」というオンライン授業ならではのコメントには笑ってしまった。今どきの学生は親子で授業を受けてくれ、親子から評価されて悪い気はしなかった。

ほかにもこんなことがあった。「母がきれいな文章を書くことにあこがれてこの授業を取りました。独学だけでは分からないリアルなビジネス文章の書き方を教わることができ、とても有意義でした」また、稟議書のときには「稟議書という言葉は母から聞いたことがあったが、実際に書いてみて少し難しいなと感じた」とか、返信用封筒で返信先〝行〟を〝御中〟に書き換えるビジネスマナーでは「以前母に教わった時に、よく分からなかったから改めて説明してもらえてうれしかった」、「社内文書を親から見せてもらえれば、研究してみたい」や「ビジネス文章の授業を受け始めてから、妹が学校からもらってくる手紙などの構成が気になり、その手紙を見るようになって、このときの授業で学んだ言葉が使われていると面白いです」などと、親子で家族でビジネス文章を学ぶ光景が垣間見られ、ほのぼのとしたものを感じることができた。

■読めないキラキラネームにフリガナ

我が家は男子二人で女の子には縁がなく、いわゆるキラキラネームには縁がなかった。キラキラネームとは２０００年代頃から名前に当て字や特殊な読み方をすることが流行ったもので、まさに今の学生たちがその真っ只中にいる。初めてこのキラキラネームを持つ学生たちと接することになり、感じたことはとにかく読めない。名前が読めないのだ！　授業の中で、部長と新入社員の会話をロールプレイングする順番がきた学生の名前をフルネームで呼ぶのだが、そのときにはあらかじめ、フリガナを付けるようにしている。そうしておかないと、名前が読めずに授業の進行が止まってしまうからだ。できるならば、我らがクラスのキラキラネーム難解度ランキングを紹介したいくらいだが、さすがにそれは憚られるので、それは止めておく。かわいい我が子にキラキラした思いで名付けた親御さんがいたのだろうと、しみじみ思う。

因みに、かつては女の子の代名詞でもあった「○子さん」だが、今のクラスの中で「○子さん」と名付けられる割合は、50人に一人、２％に過ぎない！　そのせいか、「○子さん」という方がかえって新鮮な気がする。社会の中でも行き過ぎたキラキラネームに賛否があり、令和６年度施行の改正戸籍法では「氏名として用いられる文字の読み方として一般に認められているものでなければならない」という趣旨の規定が設けられた。これにより行き過ぎたキラキラネームは今後制限されていくとの予測もある。その一方で、戸籍にフリガナを登録することになるため、正反対の読みをするなどしなければ、名づけは自由に認められるとの予測もある。果たしてこれからどうなっていくのやら…。毎年受講する学生のファーストネームを見るのは楽しみでもある。

■とてもセンシティブな一面があるのだな…

「ビジネス文章表現」は学生たちにとって難しい科目であることは前述のとおりだが、授業の中では、「今できなくてもいいんだよ。社会人になったときにできればよくて、その準備が今なんだよ」と繰り返した。そんなことを感じてくれた学生から学期末に「『できないことは当たり前、できるところからやろう』と励ましの声を全授業を通して何度も伝えてくださったので『頑張って書いてみよう』と思えました」とか「今の段階では間違えていいと改めて教えてもらって勇気が出ました」などのコメントが返ってくる。センシティブな学生たちを精神面でフォローアップすることは大事なことだと実感した。

また対面の授業の際には、教室の温度には結構気をつかった。というよりも、暑い中での授業は教える側も受ける側も辛いだろうと、エアコンを稼働させることが多かったからだけなのだが、学生たちに「教室が快適な温度になっているか？　暑い寒いがあったら言ってくれ」と、問いかけるようにした。それ以上の深い意味はないのだが、学期終了時の通期でのコメントで、「教室が涼しくて快適でした」、「毎回エアコンの温度を確認してくださったところがとてもありがたかったです！！！」、「部屋の温度がちょうどいいかを学生に尋ねてくれたおかげでとても快適な学ぶ環境を提供してくれたことにもとても感謝しています。環境面を意識しすぎで、冷房を弱くする先生もいるため、飯田先生の講義はとても快適でした」と言うコメントが複数あるのを知って、ちょっとした気遣いが、こちらが感じる何倍にも感じられていることを知ることができた。「省エネ」よりも「授業環境の方が大事だよな」と自分で自分を弁解したが、講師にとって学生は〝お客様〟だと無意識で感じていたことを、学生たちも素直に受け止めてもらえて、何かとても嬉しかった。

第3章　何がそんなに楽しいのか編

前章ではZ世代の特性や気質を、さも知りつくしているかのように〝偉そうな〟ことを書いてしまったが、それまで教育に無縁の〝新米〟講師が、実は右も左も分からないところからスタートしたということを、誤解のないよう記しておきたい。ここからは、これまでの授業の中で分かった学生たちの気質を踏まえ、何がそんなに楽しいかを、感じたままに紹介していきたい。

■学生にいかに興味を持たせられるか

担当する科目は「ビジネス文章表現演習」と「プレゼンテーション演習」。このうち「ビジネス文章表現演習」では、学生たちに馴染みのないビジネス文章をいかに関心持たせるかに腐心した。学生にとってビジネス文章は学生生活に無縁のアイテムであり、相当身近に感じさせないと喰いつかないのではないかと案じたからだ。そこで前述のとおり、学生を架空の会社の社員に見立て、ロールプレイングしながら進行することにした。業種は総合商社で、社名は「さくら商事」。配属された部署は「営業企画部事業支援グループ」である。この部署は全社の側面的支援を担う役割を持つ部署で、熱血管理職の山本部長が陣頭指揮を執るという舞台設定にした。数年前まで大みそかに放映されていた人気バラエティ「ガキの使いやあらへんで—笑ってはいけないシリーズ」の総合商社版のノリである。ここでは学生たちを「さくら商事」の社員として様々なビジネス文章を書く体験をさせることにした。「さくら商事」の社員として授業を進めることについて「出席メモ」では、学生からは「実際に商社で働いているように学ぶと普通に学ぶよりも身に付く」や「さくら商事での会社体験は、普通の授業ではできない学びを得ることができる」と初回から受け入れられたことに気をよくしたものだ。

▲朝礼にて「今日から皆さんにビジネス文章を書いてもらいます。しっかり頼みますよ」

２０２０年の授業開始以来、この方式は学生には好評で、春と秋学期終了時の「出席メモ」では嬉しいコメントが寄せられる。「今期受講した授業の中で、ビジネス文章表現演習は充実感が断トツ」の声や、「この授業のおかげで少し社会人に近づいたように感じる」と、学生たちからの反応を直接目にできると、達成感を感じるとともに私のモティベーションは大きく高まるのだ。

さくら商事での物語は、新入社員の「奈々さん」が営業企画部事業支援グループに配属され、初めて加わる朝礼の場面から始まる。その一端はこれからご紹介しよう。

■オンライン授業での工夫

２０２０年、コロナ禍による感染拡大防止のため全面リモート授業が始まった頃、それまでの対面とは違うリモート授業には、ややマイナスのイメージがあったように感じる。それは学生も教員も大学も文部科学省のいずれもだ。学生の言い分は分かる。キャンパスに行けない、友だちに会えない孤立感、表面的な授業、大量の課題やレポート提出…。教える側の教員からはリモート授業に合わせた指導法の準備や新たな教材が必要になること。大学や文部科学省はと言えば、リモート授業による教育の質の低下の懸念があるとの指摘など。いずれも事実だと思うし、この当時はそれ以外に選択肢はなかった。しかし、リモート授業が質を低下させる〝元凶〟かと言われれば、決してそうではないと思う。なぜならば、リモート授業でも進め方を工夫すれば対面授業のよさをカバーすることができるからだ。

リモート授業には大きく分けて三つの方法がある。一つは課題を出し学生にレポートで提出させるもの。二つ目は教員が動画で講義を録画し、それを配信するもの。そして三つ目がオンラインで繋いでリアルタイムで授業を行うという形式だ。このように分類したら、よく分かるのではないだろうか。前記で言う「教育の質の低下」に繋がるのは、一つ目の単にレポートを提出させるだけの方式だ。これでは通信制の学校やどこにでもある通信教育と変わらないと言ってもよいだろう。また動画配信では、どうしても講師側からの一方的な授業になりがちだ。そこで残るのはリアルタイムで行うオンライン授業だ。

この方式ならば、学生と繋いで画面を通しながらも、双方向の授業になるのではないかと考えた。それまでマンション管理組合の関係者を対象に行ってきたセミナーでは対面でしか経験はなかったが、対面ができない状況において授業するならば、オンライン方式しか考えられなかった。紙の教科書を使ってきた先生方からはリモート対応がたいへんだったことを耳にしたが、新任講師の私の場合、元々教材をパワーポイントで作ってきたため、オンライン方式で授業を進めても影響は大きくなかった。

オンライン授業といえば、知る人ぞ知る「ミネルバ大学」のように、キャンパスを持たずに全ての授業をオンラインで行いながら、高い水準の教育を提供し、社会の高い評価を得ている大学もあるくらいだ。「ミネルバ大学」が評価されているのは、単なる動画配信ではなく、ディスカッションを中心にしたオンライングループワークなどアクティブラーニングを実践しているところにあるのだろう。

こうしたオンライン授業のよさ、強みを取り入れて授業をしていこうと感じた思いは、完全対面授業に移行した今でも変わらない。オンライン授業を試行錯誤した中でも学生からの反応は大きい。出席メモで「オンライン講義の質が悪かったりする中で、過去の授業も含めた中の断トツで履修してよかった」、「一方的ではなく参加している感が他の授業よりあって、うれしかったです」と私のモティベーションを高めてくれたことについてはこの後でも紹介していきたい。

■「楽しい」がキーワードの授業を目指して

大学の授業はごく一部を除いて、眠くなるような講義が大半だと何十年も前の学生時代の自分を振り返って思う。そういう中で、「楽しい」なんて普通は考えられないはずだ。それはそうだが、私は「楽しい」授業を目指している。「ビジネス文章表現」は、学生にはとっつきにくいもので、眠くなるのも理解できる。そこを眠くならないように進めることを最優先に考えた。後で触れる〝社員証〟や〝クッキー型名刺〟などがその一例だが、「眠くなる」のはその授業の進め方に問題があるとの持論に基づき、「楽しさ」を追求した。毎回の「出席メモ」で学生から「楽しかった！」、「私が取った授業の中で一番楽しかったです」と書いてくるのを見て我が意を得たりと感じるものだった。プロの教授からみたらアカデミックではなく、「楽しい」なんて「言語道断だ！」と一喝されてしまうだろうが、〝はみだし講師〟はそんな忠告にはお構いなしだ。これからも「楽しく」なるような授業を続けていきたいと思っている。

■遊びとゲーム感覚での授業

そんな「楽しさ」を目指しながらの1年目はコロナ禍により全面リモート授業になった。このときは自宅からの配信のため、開き直って何でもありという気分だった。何せ自宅から一歩も出ずに授業になるのだから。自宅にいる延長で大学講師という実感はない。ホノルルのエレメンタリースクール（小学校）ではハローウィンの日に先生が魔女になるくらいだから、「少しぐらい、羽目を外してもいいんじゃないの…」という軽いノリでハローウィンの日には竈《かまど》丹次郎のどてらを羽織って授業を配信した。

クリスマスイブ直前の授業では、終了間際にWHAM!の"LAST CHIRSTMAS"を流した。さすがにクリスマスのサンタクロースにはならなかったが、盛り上がった。

オンライン配信だからＤＪ感覚なのかもしれない。まあ、ちょっと遊び過ぎの感はあるが、学生からは「最後のクリスマスＢＧＭかわいかったです♡」と言ったコメントが寄せられ、まんざら悪い気はしなかった。

▲教室を兼ねた自宅から配信。竈丹次郎は遊び過ぎかな？

「プレゼンテーション演習」は「ビジネス文章表現演習」に比べ受講者が20名ほどと少なく、小回りが利くことからクイズやゲーム感覚を取り入れてきた。これなども権威ある教授陣からは一蹴されるのだろうが、学生の反響は大きかった。学生が興味をもって積極的に身に付けようとするならば、型にはまった四角四面ではなく、授業の進め方は色々あってよいだろうと開き直っている。

言葉の使い方で相手の印象が変わることから、言葉の表現を学ぶ単元では「好感を持てる魔法の言葉」と題して、自分が言われて〝うれしくなる言葉〟をオンラインで順番に挙げていった。自分が言われてうれしい言葉は、人に言ったら、その人もうれしくなる、だから良好なコミュニケーションが築けるといういわゆる「ポジティブワード」だ。さすがに手拍子でリズムとったゲームまではしなかったが、「かわいい」に始まり「うれしい」「きれい」「よかったね」「上手だね」と続く。中には「髪切った」「痩せたね」「メイク上手」と女子大生らしい言葉も飛び出す。途中パスもあったが35個ものポジティブワードを集めることができた。その日の出席メモからは「山手線ゲームの中で顔を合わせて一緒に授業を受けることができ、とても楽しかった」、「自分が思いつかなかったフレーズもたくさん出てきて面白かった。２周目の時点でまだ言っていないものもあって嬉しかった」「相手が言われてうれしいと思う言葉を積極的に話していきたい」など反響は思っていたとおりだった。

コロナ禍が明け、完全対面に移行したときには、さらに羽目を外して教室でリアル版の

「山手線ゲーム」をやってしまった。その教室では大いに盛り上がったことが印象に残っている。

「プレゼンテーション演習」では他にも「ビジネス敬語の正しい使い方」と題して、ビジネスでよく使われる敬語を取り上げた。そのときには誰もが分かりそうな基本的な敬語はチャットに書かせて、一斉に送信させて、皆で共有した。またその応用編として実際のビジネスの場面でどのように敬語を使い分けするかは早押しクイズ形式でやることもあった。

ここまでお膳立てするのはたいへんといえばたいへんかもしれないが、飽きずに授業に集中し、理解が深まってくれるならば、準備した甲斐があるというもの。こういう学生たちの反響が自分のモティベーションになっていることは間違いない。

■楽しさを演出する秘密兵器

前述のクイズのときに、どうせやるならばと、ピンポンチャイムまで準備して臨んだ。ピンポンチャイムとは正解なら「ピンポ〜ン！」、間違っていたら「ブー！」となるヤツである。そのときの「出席メモ」には「学生が回答した答えがあっていたらピンポンしてくださるのが好きです愛おしいです」「先生にピンポンいただいてとても嬉しかったです」とのコメントが返ってくる次第。ここまではちょっとやりすぎの感はあったが、クイズ形式という双方向型の授業としたことで学生からは「参加型で授業を受けられたため、理解が深まった」、

▲授業の楽しさを演出するグッズあれこれ

「クイズでは少し考えれば答えが出てくることが、咄嗟に出てこないのはまだ完全に理解できていない証拠だと思った」など手応えのある反響が相次いで返ってきた。

また「プレゼンテーション演習」では、学期の最後でプレゼン発表の順番を決めるにあたり、学生から「学生番号順ではない方法で」というリクエストがあった。そこで持ち出したのが「ビンゴマシーン」だ。何もそこまで凝る必要はないのだが、ガラガラとかごを回すたびに注目が集まる。それまで学生たちが一生懸命頑張って作ってきたパワーポイント資料での発表だ。少しでも盛り上げてやりたかった。

そのおかげもあって、教室での発表は盛大に盛り上がった。

「みんなよく頑張った！」

■反響の高い芸能ネタ

2021年5月19日の夜のニュース速報で新垣結衣（ガッキー）と星野源の結婚報道がなされた。日本だけでなく中国でもネットのトップで取り上げられたほどのビッグニュース。その二人からのコメントが文書で公表されたことをニュースで知った。ちょうど、「ビジネス文章表現演習」で取り上げた時候の挨拶や前文の謝辞「新緑の候、皆様におかれましてはご清栄のこととお慶び申し上げます」。さらには「プレゼンテーション演習」で前回の授業で取り上げた「クッション言葉」や「幸いです」の表現がとられていることが分かった。二人のコメントでの「未熟な二人ではございますが、温かく見守っていただけると幸いです」。この表現は、まさにタイムリーな教材であり、授業前日深夜にパワーポイントの資料修正にかかったものだ。そして翌日の授業の冒頭のトピックスでこれを取り上げた。その日の「出席メモ」では「ガッキーと星野源の結婚を授業の最初に取り上げてくださったことで、今までと違う目線で見ることができ、様々な文章に関心を持つようになりました」、「結婚報告の文章を私も見かけて『これ授業でやったやつだ！』となっていたので、今日先生がそのお話をしていてうれしかったし、より身近に感じることができました」と反響が寄せられた。思わず、取り上げてよかったとオレンジ色の付箋（注釈：自分のモティベーションをあげるような嬉しいコメントに付ける印。もちろん成績評価には全く関係なし）を貼ったものだ。菅田将暉と小松菜奈の結婚報道のときの「出席メモ」では「私たちが興味のあることを入れてくれるのでビジネス文章を身近なものとして考えることができました」や片寄涼太と土屋太鳳の結婚報道を取りあげたときは、「私も二人のインスタグラム投稿を見て、最後の文を読み、この授業で学んだことを思い出しました。ファンなどへの配慮として一語一語に気持ちがこもっているのが伝わりました」と対象が〝推し〟のアイドルであればよりビジネス文章を身近に感じてもらえて、大成功だ。芸能ネタはこれ以外にも「綾野剛、佐久間由衣結婚」、「King & Prince解散」などなど、その時々の広報メッセージをビジネス文章の一つとして取りあげるようにして今日に至っている。

またビジネス文章を作成する場面を設定し、山本部長と新入社員の会話を学生が読み、場面を共有するようにしているが、その際も模範文例によくある、どこにでもありそうな「山田一郎」ではなく、「櫻井翔」や「松本潤」などアイドルやタレントを使うようにした。これについても学期終了時の「出席メモ」で「毎時間とても楽しかった」、「読み合わせにも参加できてうれしかったです」、「先生と学生の寸劇（読み合わせ）が毎回楽しみだった」「例文に出てくる男性アイドルや有名人も楽しみの一つだった」と好反響だったことからも窺える。

ビジネス文章について関心をもってもらうには、授業内容も学生たちの関心事にできる限り近づけていくことが必要であり、大切なことだと思う。

■お詫び状で名前を間違えたらたいへんだ！

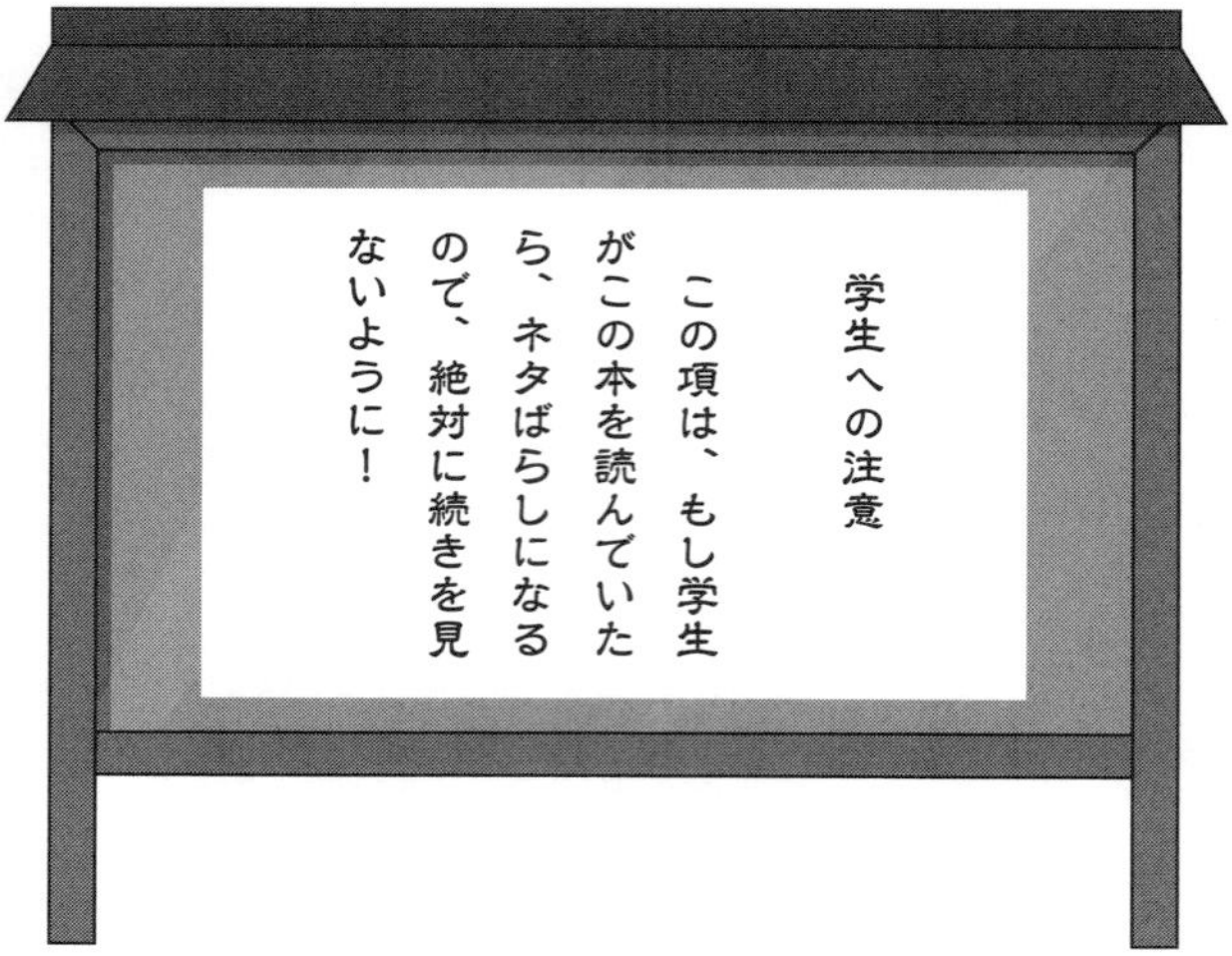
学生への注意
この項は、もし学生がこの本を読んでいたら、ネタばらしになるので、絶対に続きを見ないように！

お詫び状はビジネス文章作成のうえでも難しい課題だ。ご立腹のお客様にいかにお詫びの気持ちを伝えられるかが難しいところ。ただでさえ厳しい目で見られる文章表現だが、そんなとき、もしお客様の名前を間違っていたら、いったいどうなることやら…。そんなことを学生に考えてもらいたくて、課題を出した。

設定は送られてきた通販の商品が壊れていたというもので、苦情を申し出しているお客様の名前は「二宮和成」様としよう。このお客様宛にお詫び状を作成する課題に取り組んだ。学生たちは皆、頭をひねりいかにお詫びの気持ちを伝えようか思案したはずだ。そしてフタを開けたお詫び状、学生たちは宛先に悩んだはずだ。正解は「二宮和成」様だが「二宮和也」様と

令和●年５月30日

二宮　和成様

さくら商事株式会社
通信販売事業部
部長　松本　潤

商品破損のお詫び

拝啓　時下益々ご清祥のこととお喜び申しあげます。平素からお引き立て賜り、厚くお礼申しあげます。

さて、このたびご注文いただきました商品におきまして、破損があったことにつき、心よりお詫び申しあげます。

現在、発送工程における原因を調査し、再発を防止するべく見直し作業を行っておりますが、社員一同、このようなことを再び起こさないよう努めてまいります。

まずは略儀ながら書中をもって、お詫び申しあげます。

敬具

お問い合わせ先
通信販売事業部：(担当) さくら奈々　電話　×××-××××-××××

なっていたのがほぼ半数、この傾向はどのクラスでも同様だったが、クラスによっては誤っている方が多い結果になった。面白いほどに引っ掛かってくれた。ちょっと意地悪な引っ掛け課題ではあったが、ビジネス文書の宛先の名前は、しっかり確認して間違えがないようにすることを説いた。この課題は、内心「引っ掛かってほしい」と思っていた。なぜならば、社会人になってこのようなミスすることを思えば、授業の中であればミスをしても許されるもの。授業ですんなり間違えずにスルーするよりも、「こんな重大なミスをしてしまった！」という強いインパクトを学生たちに受けてほしいと言う思いがあった。「出席メモ」では学生から「名前間違いの点は意識していなかったので戒めになった」、「文字の打ち間違いはなくとも、変換ミスがないかまで確認することの大切さを学べた」などのコメントが寄せられた。「よし！　分かっているじゃないか！」と手応えを感じた。

余談だが、こんなエピソードがあった。「出席メモ」のコメントで、ある学生から「お詫び状の宛名なのですが、二宮くんの漢字は『二宮和也』です。成ではなく也です。課題のお詫び状は正式なお名前の表記で書かせていただきました。お茶の間ファンですが、このようなミスが地雷のポイントとなる方もいないわけではありませんし、有名人のお名前を拝借しているため、なるべく文字のミスがないようにしていただけると大変うれしいです」と。「ご指摘はごもっとも！」だ。このとき「推し」へのままならぬ思いを感じた。この指摘を受け次の授業の際に、コメントを紹介し「ファン心理に配慮できず、ごめんね」と謝ったうえで、「宛先の名

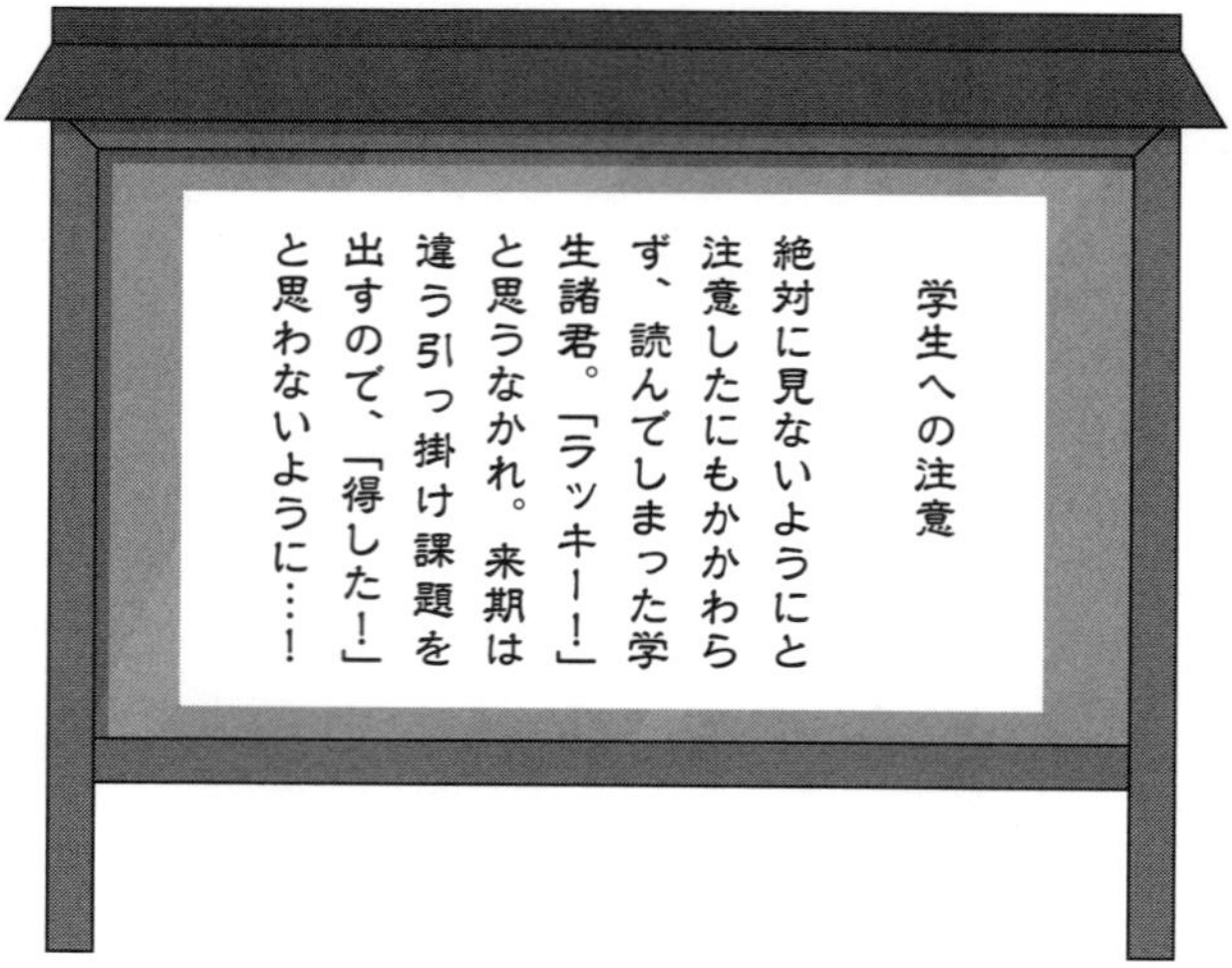
学生への注意
絶対に見ないようにと
注意したにもかかわら
ず、読んでしまった学
生諸君。「ラッキー！」
と思うなかれ。来期は
違う引っ掛け課題を
出すので、「得した！」
と思わないように…！

前は間違えないように注意しよう！」と結んだ。

差出人が松本潤部長ならお客様は二宮和也（授業で正しくは和成）と間違えるのも道理。ちょっと意地悪だったかもしれないが…。

■ゲストスピーカーの登壇が大うけ

学生たちから評判がよかったのはゲストスピーカーの登壇だ。「ビジネス文章表現演習」では、ホノルル勤務のときに部下だった女性にお詫び状の作成と顧客心理を話してもらった。女性ならではの「顧客心理」の視点での話には私自身、頷かされた。また学生たちは海外と繋いだオンラインでの授業は初めてで、19時間の時差があるハワイとリアルタイムで繋げるオンラインの強みを感じてもらう効果は十分あった。この授業は想像以上のインパクトがあったようだ。「出席メモ」からは「ハワイにいる方の話が家で聞けるのはすごいと感じた」、「オンライン授業のよさをとことん使っていて楽しかった」中には「コロナで外部講師の講義が中止になってしまい、入学して初めて外部講師の授業だった」とか、コロナ禍のさなかでは「この1年間ほとんどリモートでの授業しか受けてきませんでしたが、今日の授業が一番有意義な時間を過ごせたと感じた」と嬉しいコメントまで。学生たちの生き生きとした感触が伝わり、大学講師としてやり甲斐を感じることができた。

また「エントリーシート」の単元では大手金融会社の社員でホノルル駐在員時代から親交がある友人に、現在の勤務地マニラから採用する側の本音を語ってもらった。「エントリーシート」は個人が作成するビジネス文章であり、広い意味での「ビジネス文章」でもある。受講する1〜2年生にとって就活はまだこれから先のイベントだが、普段は聞けない、あちら側（採用する側）の話が聞けたことで、学生たちの就活へのモティベーションが一気に高まった。結果的にこれも海外とのオンラインというおまけがついた。

「プレゼンテーション演習」では、賃貸管理を依頼している不動産管理会社でマーケティングの分野で活躍する女性にオンラインで参加してもらい、社会人の仕事と生活を語ってもらった。これも反響が大きかった。「出席メモ」からは「話し方、魅せ方が上手だなと思っていました。自分の意見を言うことに臆することなく、発言している姿はかっこよかったです。自信があるように堂々となさっていたので見習いたいなと思いました」、「自分の仕事に誇りをもっていることはとてもステキ。仕事をすごく楽しんでやりがいを感じていると聞いて、自分も社会人になったら『やりがいを感じる』という仕事に就きたいです」、「お話から具体的に社会人のイメージができたし、今後の展望や人生に対するものの考え方や目標を改めて考え直すきっかけになった」といった感じだ。学生にとって20代の社会人の女性社員は、とても近い存在であり、こんな社会人に直接話をしてもらうことで、実社会ではどのような仕事をしているのか、会社の実態はどんなものかなど、身近に感じることができたようだ。よい体験ができてよかったとつくづく思う。
　こうしたゲストスピーカーを招いて受ける高い反響から、学生たちは「刺激」を欲しているのだと感じる。外の人との接触や未知の世界情報に対する貪欲なほどの熱意を感じないではいられない。登壇いただいたいずれのゲストスピーカーも講師の目論見どおり、学生にはインパクトがあり、「コーディネーター」役の私のモティベーションは高まるとともに、ボランティアで協力してくれたゲストスピーカーには感謝するばかりだった。

　ゲストスピーカーはそれぞれの個性とその分野における強みを出してくれる頼もしい存在だ。既に登壇してくれた方々に限らず、人格に優れたこの社長には「採用したい学生像」をぜひ語ってほしいな、とか大手金融系企業で活躍する女性中間管理職には「今のビジネスの現場」を語ってほしいな、この女性には「生き方」を語ってほしいな、など色々思い巡らすこともある。直接、学生には関係はないが、自分の交友関係の中でこうしたゲストスピーカーを人選することも楽しいのだ。

■グループワークにチャレンジ

オンライン授業の中で色々な工夫をしてきたが、その中でもグループワークは学生たちの印象に強く残ったようだ。実際に始めるまでは、他の授業でもっと色々な場面でのグループワークの機会があると思っていたが、学生の声を聞いていくと、意外にもグループワークの機会が少ないことが分かった。コロナ禍の全面リモート授業だった頃と違って、対面授業が主になったタイミングで、学期の後半にグループワークを行ったとき、1年生の多くがオンラインでのグループワークは初めてだったらしく「初めてのオンライングループワークに緊張した」というコメントが多数あったのは意外だった。

だからというわけではないが、「プレゼンテーション演習」でも、「ビジネス文章表現演習」でもグループワークをできる限り取り入れるようにした。

「プレゼンテーション演習」では、テーマに「シェアハウスでの水害避難」を取り上げた。一人暮らしを始めたシェアハウス（3階建て）がゲリラ豪雨で浸水する想定で、居住者としてどのように対応するのがよいかを一緒に考えた。少し難しかったかもしれないが、普段あまり考えることがない災害時の対応を考えるよい機会になったと思う。

また、前述のゲストスピーカーで協力してもらった不動産会社勤務の女性社員には、グループワークで架空の化粧品会社での20代の若者向け製品企画をテーマに取り上げ、実際にグループワークを体験することにした。身近なテーマだったこともあり、このワークに学生たちはのめり込んだ。もう一方の「ビジネス文章表現演習」では、社会人のプレゼンテーションをもっと広く知ってもらうために、広報文作成の一環として「マンションでの迷惑行為」をテーマに取りあげた。夜間のピアノの音、生活騒音、バルコニーでの歓声などの迷惑な行為への注意喚起文書を悪戦苦闘しながら作成した。そのときの「出席メモ」では「とても難しかった！」、「広報文書はこの講義の中では一番苦戦してしまった」などのコメントが多数あった。確かに合意に持っていくプロセスを文章で表現するのは難しいのだが、タネを明かせば、実はこれ中学校「公民」の教科書の「対立と合意」という単元から引用したものなのだ。今どきの中学生はずいぶん高度なことをやっているなと感じるとともに、日常生活の問題とその解決方法を学生たちに知ってもらうことは大切なことだとグループワークを通して実感した。

グループワークするためにはその準備に手間はかかる。しかしながら、コロナ禍ではパーテーションを置いたとしても、対面で顔をつき合わせたグループワークでは感染拡大の懸念が拭えなかったことから、対面授業が再開した後も教室でもオンライングループワークとした。ただ、それを実施するためにはヘッドセットが常備されたＰＣ教室で授業する必要があった。もし一般教室で大勢の学生がＺＯＯＭを立ち上げ、一斉にミュート解除しようものならハウリングの嵐になるからだ。でもこうした準備の結果、学生から「グループワークでは初対面だったがとても楽しむことができた」、「久しぶりのグループワーク、自分で考えない意見だったり、その場で知れて自分に取り入れることができてよかった」、「グループワークが楽しかった。人見知りの人が少なったのでとても話しやすく、話が弾んだ。今後の就職活動で、グループディスカッションをする機会が増えるが、こういった場に慣れることで自信が付くと思った」などの反響があると、やってよかったと思うことしきりだ。学生たちのグループワークへの前向きな意欲も感じられたことから、これからも可能な限りグループワークの機会を増やしていきたいと強く思っている。

コロナ禍では社会にオンライン面接やオンラインインターンシップが一気に拡大したが、コロナ禍の収束とともにかつてのような就活におけるオンライン面接などの機会はだいぶ減ってきている。ただ、それでも一次面接などでオンライン形式は依然活用されているようでもあり、やはりオンラインでの対応には慣れておくに限る。

「出席メモ」の中で「コロナ禍が終わった今でもZOOMを使ってオンライン会議するのですか?」という質問が飛び出した。このときは、「そうか、もはやコロナ禍が過去のことになりつつある、次の世代なのだ」と実感した。次の授業の際には学生に「リモート会議はコロナ禍に関係なく、日本全国や海外を繋いでリアルタイムでできること、出張しなくても居ながらにしてコミュニケーションが図れること、働き方改革の中で効率よく仕事ができることから、コロナ禍後の今も残っているよ」と説明した。オンラインでのグループワークのスキルはこれからの社会人に不可欠のスキルであり、これに慣れていけば、将来必ず役に立つ場面があると確信している。

余談ながら、授業で特にオンラインでグループワークをするときには必ずグループ名を最初に決めるように指示している。すると学生からこんな質問があった。「課題と関係ないのに、なんでチーム名を決めるのですか?」とやや訝《いぶか》り気味に。確かに指摘はごもっともだ。学生には、「見ず知らずの人とすぐにオンラインで話せと言われても、なかなか難しいもの。そんなときにアイスブレイクとしてチーム名ならばテーマの難しさに関わらず、比較的抵抗なく話せるのではないかな」と答える。これで学生たちは「正直、チーム名を決める意味が分からなかったので、今回知ることができてよかったです」というコメントから、納得してもらえたことが分かった。

またチーム名は「ハンバーグ」とか「オムライス」とか食べ物系が多いが、中には「木曜の女たち」なんていうネーミングもあった。このチームではさぞ、グループワークが盛り上がったことだろう。「出席メモ」のコメントからも「『木曜日の女たち』などの面白い名前はちゃんとコミュニケーションを取らないとつかないような名前で、話すのが上手な人が班の中にいたのかと思います。私も初対面の人と打ち解けられるくらいグループワークが上手になりたいです」と。このコメントの学生、次のグループワークのときには、きっと上手にリードしてくれることだろう。

（注釈：アイスブレイクとは、人と人のわだかまりを解いたり、話し合うきっかけをつくるためのちょっとしたゲームやクイズ、運動などのこと）

■〝社員証〟を作ってみた

学生のビジネス文章を作る意識をより高めるために〝社員証〟を作って渡してみようと思いついた。コロナ禍だった当時、ややもすると単調になりがちなリモート授業を少しでも臨場感をもって体験してもらいたいという思いがあったからだ。コロナ禍は2年目になって少し落ち着き、密にならないよう、学生の半数が教室に通学する緩和措置がとられるようになった。それならば教室で〝社員証〟を渡すことができるのではないかと考えた。ネットのテンプレートから取り出し、「さくら商事」オリジナル〝社員証〟を作成し、学生の名前を一人ひとり入力した。そして100円ショップで、伸縮自在のホルダーを調達した。こうしてホルダーへのセッティングまで、結構手間がかかったが、臨場感を醸し出すために一人頑張って作業し、外出自粛期間とされたこの年のゴールデンウィーク中に全て準備を完了し、次の授業で配付できるまでになった。

ところが、ゴールデンウィーク明け頃から再びコロナ禍の拡大を受け、緊急事態宣言が延長されることになったのだ。それに伴い教室での対面授業への出席が「自主判断」になった

▲架空の会社「さくら商事」の社員証。山本部長は直属の上司の設定

ため、これ以降、再び学生が教室に来なくなってしまった。この日、教室には2限で八名、それが3限は三名のみ。なんということか。一時は〝社員証〟の配付自体の延期も考えたが、それはそれ、成り行きに任せるしかないと、配付を決行した。

　がらんとした教室だったが、「さくら商事」におけるセキュリティ確保のための〝社員証〟の位置づけや一般的な〝社員証〟の機能を説明したうえで、教室参加の学生に手渡した。リモート参加の学生には、「次回出勤（教室での授業出席）の際に渡す」ことも言い添えた。

　その反応はというと、授業後、早々に「うれしい」とコメントした学生があり、実行を決断してよかったと思った。その後も「出席メモ」で、〝社員証〟に関するコメントが複数上がったことが分かった。それもリモートでの受講生からの反響が多かったことが意外だった。

主な反響は、

「社員として働いているというイメージを持ちつつ受講できました」（教室学生）

「社員証はモティベーションが非常に上がります！」（リモート参加学生）

「本当のさくら商事の社員のように社員証や名刺を作成してくださり、さらに気持ちがあがりました」（リモート参加学生）

「社員証や名刺があると、より、さくら商事の一員感が増して、様々なシチュエーションの想像がしやすくなったと思いました」（リモート参加学生）

「社員証や名刺などを実際に作成してくださったということで、自分が社会に出て働いている様子を想像しながら文章作成をすることができ、ワクワクした気持ちで取り組むことができました」（リモート参加学生）

「社員証の受け取り楽しみです」（リモート参加学生）

因みにこの話には、後日談がある。

好反響だった〝社員証〟だが、前述のとおり緊急事態宣言の延長と、大学の方針転換があって、通学は学生の自己判断に委ねられることになった。そのため、そもそも教室に来る学生が限られてしまい、渡すに渡せない状況が続いた。そんなことから教務課に学生の自宅宛ての郵送を相談した。しかしながら教務課からは個人情報保持とコストの問題から難色が示された。何のための〝社員証〟なのか、これはビジネス文章を社員になったつもりで作成する際のモティベーションアップのためであることを何度も説明するが、ガードは固かった。個人情報については私が〝社員証〟を封入した封筒を教務課に持ち込み、教務課で宛名ラベルを貼って送ることで、解決できるのではないかと伝えたものの、メールのやり取りでは簡単には決着しなかった。電話で趣旨を再度説明し、最後は自腹で郵送費用を負担することま

２０２１年6月10日

テレワーク社員各位

さくら商事株式会社
営業企画部
部長　山本和夫

送付書

さくら商事株式会社の社員証をテレワークで勤務する社員の皆さんにお送りします。

この社員証はビジネス文章表現を実践的に学ぶための架空の会社のものですので、
授業外で使用することはできません。ご注意ください。

■この「送付書」はビジネス文章として実際に使われる文例として参考にしてください。

で言い切った。そこまでして教務課を説得した結果、ようやく了解が得られることになった。何ともお堅い対応であったが、道が開けたことで安堵した。帰路の車中は、〝社員証〟を郵送するための「送付書」を書いた。宛先は「テレワーク社員各位」とし、テレワークに励む社員に見立てた。授業の課題でも取り上げた「送付書」だったが、その実用的なサンプル事例としての意味合いもあった。

こうして自宅で半日がかり内職して封入を完了した。当初は教室で、〝社員証〟をさりげなく渡してと軽く考えていたのだが、こんな大ごとになろうとは…。最後は学生のモティベーションアップに有効であることの思いを貫きたいという意地のようなものだった。

次の授業日に「新入社員」の上司役の山本部長からオンライン上でテレワークの「社員」への呼びかけとして、〝社員証〟は「テレワークで出勤できない社員」には郵送することを伝えた。そして授業後に講師室の職員の協力を得て宛名ラベルを貼り付け、投函も無事に完了した。けっこう長い道のりだったが、これで安堵した。授業後の「出席メモ」のコメントからは「社員証の件ありがとうございました。自宅に届くのを楽しみにしています」など複数の学生から早速反響があった。こんな好レスポンスだから、自宅に〝社員証〟が届いたら何かきっと反響があると思っていたが、なぜか一向にそれはなかった。「あれ、どうしたのだろう…？」

そんな時、教務課からメールが飛び込んだ。それはなんと、投函した郵便物が定形外郵便のため、料金不足で戻されてきたとのこと。一瞬、目の前が真っ暗になった。重量では問題がないはずだが…。まさか厚さ1㎝で引っかかったのだろうか、と思いを巡らせた。

ともあれ、教務課に電話し、お詫びするとともに状況を確認した。郵便局からの戻りを待って、不足の切手を立替えてもらうことをお願いし、協力を得られることになった。切手代は生協で立替はできるということであったが、こんなことで迷惑をかけてしまい恐縮するばかりだった。

こんなアクシデントを経て、その後一人の学生からポータルでコメントが届いた。「今度は一体何が起こった？　名前違いか？　はたまた郵便料金不足分が出てしまったか？」胸中は穏やかではなかった。その内容を確認すると、「昨日社員証が届きました！」と、トラブルではなかったことが分かり、安堵した。その後もポータルで「無事に社員証を受け取りました。ご丁寧に郵送の手配をしていただき、ありがとうございました。残りの講義数が少なくなって参りましたが、さくら商事の社員として最後まで積極的に授業参加していきます」、「初めに、送ってくださった社員証を受け取りましたこと、ご報告させていただきます。送付書と社員証本体が無事に届き、確認できました。同封されていた送付書はビジネス文書の一環として、書式例や内容等きちんと拝見し、今後の学習の参考にさせていただきます。個別の事情で対面授業に参加できないこと、そのために社員証を受け取ることは不可能だと落胆していたのですが、他の方と同じように使用できるようになり大変嬉しく存じます。社員証の郵送にあたり、ご尽力いただきありがとうございました。ご手配くださったことに深く感謝申し上げます」と〝社員証〟が届いたことへの嬉しい連絡がポータルを通じて続々と入り、〝社員証〟が学生のモティベーションアップにつながったことを実感できた。

時間と手間と、予期せぬトラブル。自腹での余分な費用を要したが、やってよかったと感じた。翌週の授業開始前には講師室で切手貼りの作業に協力してくれた職員に、学生からの反響を伝えたところ「学生は喜んだでしょう！」と我がことのように喜んでもらえた。また授業後に教務課の担当にお礼に行くが、学生からのコメントのことは伝わっていた。教務課でもできる限り講師のやりたいことを実現したいと言われ、これまでの経緯を思い起こしながら感謝した。

その後も「出席メモ」で〝社員証〟が届いたことへの報告が続いた。中には「社員証が届き少しワクワクしました」、「初めての社員証で社会人になった気分になりました」「社員証をわざわざ全員に送っていただきありがとうございました。実際に手に取ってみると、本物のようでわくわくしました。大切にいたします」と反響があって嬉しい限りだった。

こんなことをする大学講師は他にはいないだろうなと思いながら、一人ぐらい異色の講師がいてもいいのではないか。そんなことを感じながら、学生たちのモティベーションを高めることができ、この選択は間違っていなかったと確信した。

■2023年春、完全対面授業へ

講師を始めて丸3年が過ぎた2023年春。コロナ禍も収まり、学生53名が教室に会する機会を始めて経験した。さすがにこの迫力には今までの3年間のリモート授業にはないインパクトを感じた。やはり顔が目近に見えることで授業のやりやすさはある。それに何とも言えない臨場感だ。ハイブリッド方式ではリモート参加が半数、教室参加が半数のため、教室の一部分にしか学生が座っていない。そんながらんとした教室と、席いっぱいに学生たちがいるのでは、教壇に立った緊張感が全然違う。そんなことで、我ながらワクワクしながら初

▲完全対面授業開始。初めて大教室に立つ！

めての完全対面授業を体感した。

このときの「授業後日記」には「ほぼ全員出席。大迫力。教室いっぱいに集まった学生と初めて対面して、今までにない手ごたえを感じた」と綴った。

■受講生が減った!?

社会人形成科目は定員が35名。但し、希望者が多かった場合に弾力的運用として53名までとするのが大学の規定になっている。「ビジネス文章表現演習」は社会人になったときに役に立つと大学も推奨する科目になっている。そのような理由からこれまでは、希望者が多数集中し、抽選せざるを得なかった。多い時は定員の３倍を超える学生がエントリーし、抽選で落ちてしまう学生も多かった。翌年の抽選で受講できた学生からは「１年生の時に抽選で落ちてしまい、必ず履修したいと思っていたので春学期にこの授業を受けることができてとても嬉しかったです」というようなコメントをもらっているが、抽選に漏れた学生には本当に申し訳ない思いだった。

それが、2023年度の秋学期は初めて抽選ではなくなった。「これはいったいなぜ?」と思い、教務課にその理由を尋ねた。教務課の話では学生数の減少だという。倍率の高い抽選になって、受講したくても受講できない学生がいるのも抵抗はあるが、講師としては〝行列ができるレストラン〟のように多くの学生に集まってほしいとも思うし、複雑な心境でもある。毎学期抽選になった科目一覧が教務課から出されるのだが、これを見ても抽選科目が少なくなっていることが分かった。この問題は非常勤の一講師が意識することではないが、こんなところにも昨今の少子化による18歳人口の減少、そして大学の経営の厳しさが表れていると実感した。

■トピックスでとっつきにくい時事問題を共有

授業開始即「教科書〇〇ページを開けて…」では、あまりにも一方的だ。授業開始のつかみ(アイスブレイク)は必要なアイドリングタイムだと考えた。そんな授業に不可欠な時間であればこそのつかみとして、学生にはとっつきにくいかもしれないが、トピックスとして時事ネタを取り上げることにした。「女子学生就活人気企業」「女性の年収が高い企業ランキング」「春と秋がない気候」「ジェンダーギャップ指数125位と低迷する日本」「最年少女性市長誕生」「香害」「ＤＸ化の進展」「大谷翔平選手の10年後払い契約」などなど。アイスブレイクとは言え、「出席メモ」で率直な反響が寄せられる。こんなこともあった。「発注書」関連の単元の「出席メモ」では、「授業ではビジネス文書の書き方以外にも社会や政治などの知識を知れて毎回とても勉強になります。その中でも今回の授業では、ＤＸ化が進むにつれて、私が社会人になる頃には今まで紙で行われていた一連の流れが完全に電子化されているかもしれませんが、ビジネスの流れは基本的に変わらないので、改めてビジネス文書の書き方と共にビジネスの基本的な流れの知識も身につけたいと思いました」と、とっても優等生的な反応を示してくれる。これは少々堅かったが、大谷翔平の「10年後払い契約」のときには、「後払いはメリットもたくさんあるのでよいと思いました。でも私は１０１９億円一気にもらいたいです！」と本音でコメント。ここまでしっかり受け止めてくれるならば、アイスブレイクとは言え、このコーナーを途中で止めるわけにはいくまい。やりがいはあるものだ。

ただ、時事ネタは〝作りおき〟できるものではなく毎週タイムリーなネタを仕入れて加工しなければならないため、ネタ探しにプレッシャーを感じることもよくある。仕事が週末にセミナーでの講演や管理組合総会、理事会など立て込んでいると、あっという間に翌週の授業が近づいてくる。この原稿を書いている今も、授業前日になってしまったが、まだ準備ができていない。こんなときのプレッシャーはけっこう大きい。そんなことしているから血圧に影響するとまた妻に言われそうだが…。それはそのとおりで、毎回やらなくてはならないものでもない。自分で自分に課題を課して、首を絞めているようなものなのだが、それでも学生たちに時事問題に関心を持ってもらえることが手応えであり、「授業の最初に話題があり、面白くて好きです」、「毎回講義の始めにニュースの話が聞けるのが楽しみになっています」、「ビジネス文章だけでなく、最近の社会のニュースの解説みたいなのもあって興味も持てた。身近なことが取り上げられることが多く、普段あまりニュースを見ることがなかったけど、身近なニュースや出来事から自らチェックするようになり習慣づいた」なんていうコメントをもらってしまったら、そうすることが自分のミッションの一つと思えるようになってしまい、止められない。

たかが自己満足だが、されど「自己実現」の一端でもある。この授業開始のトピックスは今も欠かさず続けているし、これからもずっと続けていくつもりだ。

■ブレイクタイムでちょっと息抜き

この当時の授業時間は90分だったが、90分という時間は学生たちには長い時間ではないだろうか。ついこの前まで高校では50分授業だったのが、一気に倍近くなっている。自分が学生の時も大学の授業時間は長いと思ったはずだ。この時間、いかに学生たちを惹きつけるか、そこは講師の腕の見せどころでもある。授業自体を魅力あるものにすることはもちろんだが、集中が途切れるあたりで何か手を打つ必要があると考えた。そこで取り入れたのが、「ブレイクタイム」だ。授業とは直接関係ないテーマを取り上げて、気分転換を図った。「世相を反映する今年の漢字や流行語」「ハローウィンの日米比較」「ハワイのクリスマス」「台湾のマンゴーシャーベット」などなど、わずか1分ほどの時間を使って、気分転換になりそうな話題をいろいろ取り上げた。そんな甲斐もあって「出席メモ」からは「眠くなった時のブレイクタイムがありがたかった」、「毎回この授業に出席してきましたがブレイクタイムの時間が自分にとってすごく楽しかったです」なんて言う感想が寄せられるとうれしいものだ。

◎我が家の〝びわの木〟物語

学生から様々な質問が飛んでくることは前述のとおりだが、「先生は○○が好きですか?」こんな質問にはいちいち答えていられない。それは授業の時間に限りがあるからだ。でも授業の合間の気分転換「ブレイクタイム」では時々たわいもない話題を取り上げている。この日は好きなフルーツという話題で、〝びわ〟を取り上げた。ネットでお気に入りのフルーツランキングを見ると、イチゴ、りんご、なし…の順で続いているがベスト20に〝びわ〟はない。そんなマイナーなフルーツ「〝びわ〟が好きなんだ」と話すと、一様に怪訝な表情を見せる。「〝びわ〟を食べたことがある人はいるかな?」と尋ねてもほとんど手が挙がらない。

▲東京都港区、樹齢55年我が家の“びわ”の木。毎年6月の収穫は初夏の楽しみ

食べたことがあるという一人の学生が「あんまり好きではない…」と嫌そうな表情で答えてくれた。やはりそうだったか。今どきの若者に〝びわ〟は好まれない。それは我が家の息子たちからも薄々感づいてはいたが…。

　そんな学生たちに、私が子供の頃に種を蒔いたら、こんな大きな木になったと我が家の〝びわ〟の木を紹介した。「9年ほどで実をつけるから、欲しい人はあげるよ」と〝びわ〟の種をバスケットに入れて教卓の上に置いた。そんな気分転換の後に授業の本題に戻った。

　授業後、「ご自由にお取りください」状態の〝びわ〟の種を握りしめて帰る学生ほんの数人だったようだ。続く別の授業では、びわの房と種を教卓の上に置いたものの、前の授業であまり好まれないようだったので話題に取り上げなかった。だが、この日の最後の授業が終わったときのこと、最後まで教室に残っていた三人組が教卓の前を通りかかったとき、「あ、〝びわ〟だ！」と寄ってきた。珍しく〝びわ〟好きのようだ。ならばと、〝びわ〟の房を持ち上げ、「よかったらあげるよ！（内緒だけどね）」と三人に渡した。大喜びだったことは言うまでもない。「こんな学生もいるんだな」とほのぼのした気分になった。今どきの多くの学生にとって〝びわ〟の反響はあまり大きくはなかったが、「ブレイクタイム」の気分転換にはなったようだ。

余談だが、「出席メモ」で、「私もびわ好きです！　両親が長崎県出身なのでよく食べる機会があり…。今年も祖父母がびわを箱で送ってくれて家族で食べました」、「食べたことがないので、ぜひ食べてみたいです」、「びわが好き。家にあるというのがおしゃれすぎて驚きました!!」と少数ながら、〝びわ〟大好き派がいた。中にはこんなコメントが。「私のおじいちゃんもびわの木を育てていておじいちゃん以外でびわが好きな人に初めて出会いました。おじいちゃんはよくジャムを作ってます」これには、〝おじいちゃん〟の自覚がない私としては「そうだよ。おじいちゃんと同世代だよ、先生は…」と、複雑な心境で心の中に呟いた。

◎睡魔をやっつけろ！

「ブレイクタイム」の中でも「睡魔との闘い」は反響が大きかった。午後の授業はランチの後だったらなおさら睡魔が襲ってくるもの。我々社会人が自らお金を払って受講するセミナーでも眠気は襲ってくるものだ。まして学生が決められた単位を取得する中で、受講する授業で眠くなるのは道理だ。前述の「読み合わせ」で指名したものの、名乗りがなく欠席だと思っていた学生から授業後に「出席メモ」の提出があった。「前回当たった際に寝てしまい、当たったことに気づきませんでした。すみません。なのでまた読み合わせに参加させていただきたいです」これには吹き出してしまった。「そうかい、よほど眠かったんだね」と心の中でつぶやいた。

こんな睡魔に襲われ、どうしようもないときに一番目が覚めるのは手を挙げて質問することだ。「出席メモ」で「眠くなったら、積極的に先生に質問しようと思った」という前向きなコメントもあったが、それは分かっちゃいるが、なかなか現実的ではない。ではどうすればよいか。一つの方法として、自分の頭の中で自分に質問を空想（自問自答）してみること。自らの質問にどんな答えがあるだろうか、とか考えこんでいくことができれば睡魔は退散していくはずだ。「出席メモ」にも「睡魔に襲われると絶対に眠くなるので、睡魔が来たらすぐに違う集中できるものを探し、脳を使うことでがんばって目を覚まそうと思う」ときた。なかなかよく分かっているじゃないか、と感心した。「ブレイクタイムがとてもいい眠気覚ましになったから、後半の講義に集中できた」というように効果てきめんの学生もいた。

このように学生が睡魔と闘うのは当然のことではあるが、睡魔の原因として「授業がつまらない」これも確かにある。学生からすれば迷惑なことでもある。そうならないように、授業中に眠気を起こさせない授業にすることは、講師としての責任だと感じる。

そんなわけで「ブレイクタイム」は毎回欠かさず続けている。そこまでこだわる必要もないのだが、少しでも実りのある聴いてもらえる授業を目指していくことは講師として絶対に必要なことだと思う。わずか1分の「ブレイクタイム」を通じて学生たちの本音に少しでも寄り添うことができてよかったと振り返る。

ついでながら、次の年度から授業時間が90分から100分に延長されることになった。授業回数を1回減らすため、全体の時間が変わらないようにとの措置なのだとか。でも、人間は集中力が長く続くものではない。そうなればなるほど、今まで以上に気分転換の重要性が高まると思う。これからも「ブレイクタイム」を有効に活かしながら集中が途切れないようにしていきたい。

■食べられる名刺を作ってみた

社会人になって新入社員の多くが名刺を作ることになる。名刺ができるとなんとなく一人前のような気分になるもの。そんな社会人の気分になってもらおうと、名刺を作ることにした。以前、〝社員証〟を作って学生に配った思いと似ている。あのときは教室とリモート参加というハイブリッド形式の授業の中で何とか、リモート参加の学生に教室の臨場感を持ってもらいたい思いで始めたのだが、今度は社会人になると誰もが持つようになる名刺。その名刺にもいろいろな種類や活用法があることを知ってもらいたかった。それには単なる名刺を作って、配っても面白くない。そんな中で思いついたのが「食べられる名刺」だ。それまでも、授業スライドの写真で変わり種名刺の一つとして紹介したことはあったが、ならば、実際に「食べられる名刺」を作って、それを体感してもらおうと思い立った。以前の「出席メモ」には、「名刺を食べてしまったら、名前が残らないのでは…?」という素朴な質問があった。それはそのとおり!でも、「おいしい名刺をもらったら、そのときのインパクトは必ず残るよ」と説明したものだ。それを学生たちに実感してもらいたかった。

▲クッキーで名刺を作ったら、学生たちに大ウケ!

準備万端。そして迎えた授業の教室。次の授業の「ブレイクタイム」で食べられる名刺を紹介した。学生たちにはバスケットを回して1個ずつ配った。まさか授業中にクッキーが配られるとは思いもよらなかった場面だろう。クッキーを入れたバスケットが学生の席を回る際に、緊張が緩み、一瞬こぼれる笑顔からそのインパクトの大きさを感じる。

名刺をもらう機会がまだ多くない学生たちにとって、名刺をもらうこと自体が新鮮だ。それがクッキーであったから余計にインパクトがあったことだろう。この日の出席メモには「素敵で食べるのがもったいないです」、「クッキー名刺は初めて。もらって嬉しい」、「帰ったら親にすぐに見せようと思います」と予想どおりの反響だった。中には「自分がお菓子を好きだからという理由もありますが、名刺をもらうこと自体がうれしく感じました」、「クッキーの名刺面白い！　焼き型さえできれば自分でも作れるかも」と女子大生らしいのもあった。そんな学生たちだけでなく、当の講師も、名刺一つでこんなに盛り上がるなら、これからも授業を楽しみながら、続けていこうと大いにモティベーションが高まった。

■授業は教室だけで受けるものではない！

ビジネス文章を体験する中で、「報告書」を取りあげたことがある。会社の中では研修参加の報告から実績報告、出張報告、トラブル時の顛末の報告まで様々な報告書がある。報告書の書き方の中では、客観的事実の報告はもちろんだが、気づきや得られたことなどを「所感」として報告することもできると付け加えた。学生たちが応用するとすれば、就活時のインターンシップや説明会などに参加した際に、自主的に報告書を書くことも「ビジネス文章表現」の練習になるとともに、その文章を相手に送ることができたなら、それはそれでよき自己アピールになることを話したことがあった。

その後、しばらくして就活の一環となるインターンシップのために授業を欠席するという一人の学生からの申し出があった。どうやら大学公認の授業扱いになるインターンシップとそうでない自主参加的なものがあるそうで、今回は後者のため、公欠扱いにはならないとのことだった。規定では授業は学期で3分の2以上出席していればよいので、毎回出席していたこの学生の場合は1回の授業を欠席しても何ら問題はないのだが…。前述のとおり、授業は出欠に〝縛られて〟強制的に出るものではなく、受けたい人が自主的に出てくることを目指すのが持論である私としては、こうした申し出には意欲を感じるのだ。

学生にはこう言った。「インターンシップに参加した『報告書』を書いてみないか。それをもって出席とするよ」。講師には出欠や成績評価に関する権限はあるのだ。その後、ほどなくしてポータルで「報告書」が添付されてきた。当日の状況が手に取るように的確にまとめられていた。この立派に書けている内容を見て、ビジネス文章を書く機会において、実践的な体験ができてよかったと強く感じた。ビジネス文章は必ずしも教室でなくても学ぶことはできるのだと、自信をもって学生たちに伝えたい。

また「プレゼンテーション演習」でもこんなことがあった。コロナ禍で東京オリンピックが1年延期された2021年夏のこと。一人の学生からオリンピックのボランティアに参加したいので、授業を欠席したいとの申し出があった。ほぼ全日出席しており、出席日数は何ら問題なかったが、ちょうどその日は授業で学んだプレゼンテーションの集大成として、パワーポイントを使って発表することになっていたのだ。本人としてはどちらも大事なことは痛いほどによく分かる。そこで思案の結果、「先行発表」と銘打ち、準備ができた学生で希望する者は、１週間ひと足お先に発表する機会を設けた。これに乗ったのはこの学生を含め三名。かくして発表は無事に終了できた。大学としてはオリンピックのボランティア参加は公欠扱いになった。これでめでたしめでたしだ。でも図に乗ったハチャメチャ講師はオリンピック会場からＺＯＯＭで教室への「オリンピック（ボランティア）実況報告」を画策した。が、さすがにこれは実現しなかった。それはそうだが…。この学生には想い出に残る一生モノのよい経験になったことだろう。重ね重ね、授業は教室だけで行うものではないと実感する。

■悪徳商法撃退の切り札「クーリングオフ書面」

キャッチセールスやデート商法。近年では学生の就活の弱みに乗じたオンライン型就活支援などの悪徳商法が後を絶たないことはご承知のとおりだ。しかしながら、こうした悪徳商法にも対抗手段はある。それが「クーリングオフ制度」である。キャッチセールスなど不意打ちや冷静に判断できない状態での契約を解除するもので、特定商取引法に規定される一定の条件の下で認められている。その条件の一つは「クーリングオフ（契約解除）」の意思表示を書面で示すことである。個人が書くこのような文書も広い意味で「ビジネス文書」と言える。

授業では悪徳商法に関する啓発動画を共有した。その内容はというと、SNSで知り合った女性からエステを勧められ、無料体験に行き、今なら半額になると言われるまま、断れずに70万円で契約。そんな金はなく消費者金融で旅行目的と偽って借りた、という設定だ。こうしたケースはクーリングオフの対象になり、契約解除ができることから、その書面を学んでおこうというもの。あくまでも設定上のお話であり、お膳立てする講師としても、どことなく遠い世界のように思っていたが、授業の後に考え直さなければと思うようになった。それは「出席メモ」で複数の学生から「私もエステでクーリングオフしたことがある」とか「友人から相談されたことがある」などなど。まさかこんなに身近なところに影響があったのか、と悪徳商法や不適切商法の問題を改めて実感することになった。

また、親交のある消費生活相談員の友人から若者を狙う最新の詐欺・悪徳商法の事例を生々しく紹介してもらうこともあった。授業後には「昔から『だまされやすそう』『いつか詐欺にあいそう』とさんざん言われてきたので、ゲストスピーカーの方のお話が具体的でとても分かりやすくありがたかったです」、「SNSは私もたくさん使うし、ネット上の友だちもたくさんいるので本当に気をつけたい。勧誘には絶対に乗らない！」と啓発効果は抜群だった。

近年、悪徳商法の被害者が増えているという。２０２1年の民法改正に伴い成人年齢を18歳に引き下げる弊害として想定されていたことではあるが、社会経験の浅い学生たちが騙されないよう、もっともっと啓発していく必要性を痛感する。「消費者教育」は別の機会に徹底して行うべきことではあるが、この授業での啓発により、少しでも困惑する学生たちを救うことができるなら、「なんて自分らしい生き方なのか」と、モティベーションは高まる。サラリーマンの最終期に国民生活センターとクレジットカード会社でコラボした〝出会い系サイト〟問題で消費者啓発したときと奇しくも同じ思いだ。

■授業後のルーティーン

以前のオンライン授業では、時間がくれば、「皆さん、お疲れさまでした」と言ってZOOMをブツッと切る。実に事務的な終了だった。それが対面授業になって変わったことといえば、授業終了後に学生が教室を出る際に「出席メモ」をメモケースに置きながら「ありがとうございました」と言ってほとんどの学生が退出することだ。自分の学生時代に、「教員に挨拶して教室を出ることとあったかな？」と振り返るが、たぶん無言で教室を出ていたように思う。それに対して今どきの学生たちは偉い。ほとんどの学生がそうしているからだ。学生から声掛けがあった際は、こちらも「お疲れさまでした」と学生一人ひとりに声掛けするようにしている。たわいもない、それだけのことではあるが、その一瞬のやりとりに救われる思いがするのだ。秋学期は午後の2コマ、春学期は午前中から3コマをぶっ通しで、ほとんど立ちっぱなしの状態で進めるものだから、4限終了の頃には疲れ切っている。それが、このひと言あいさつによって、まるで一服の清涼剤のような感じで、満たされていくのだ。

ルーティーンではないが、こんなこともあった。午前の授業を終え、午後の準備をしているときに二人の学生が教室に入ってきた。「昼休みに教室で食べていいですか?」と言われ、「いいよ」と答えた。二人の楽しそうなランチが始まってしばらくして、「先生のお昼は何ですか?」と大きな声で尋ねられた。それも教室のかなり後ろの方から。「コンビニ弁当だよ」と返したが、突然のことで結構びっくりした場面だった。別の授業終了後には、一人の学生が近寄ってきて「先生、これあげる!」と言って小袋に入ったあられを渡された。びっくりした講師はとっさに「ありがとう」とだけ返して受け取った。学生からお菓子を渡される光景は思いもよらなかった。まるで、友だちにでも渡すような感じ、いや幼い子どもが〝おじいちゃん〟に渡すような感じだったのかもしれない。ともかく印象的だったが、一体何だったのだろう!?

かくして、授業後のひとときから、「また次もがんばるぞ!」というモティベーションに繋がってくる。単純なことだが、論語の「不亦樂乎(また愉しからずや)」の心境だ。

■「先生、この授業をもう一度受けられますか?」

「先生、この授業を来年もう一度受けられますか?」という質問が寄せられた。「なに、もう一度授業を受けられるか、だって…!?」一つの学期でわずか十数回の授業だけでビジネス文章表現が完全にマスターできるわけはない。最低限の基本だけは身につけ、後は社会人になって仕事をしながら身につけていくことが大切であることを学生たちには言っているが…。「そんなにこの授業が気に入るとは、なんて意欲的な学生なんだ！」と聞いた時は悪い気はしなかったが、「そこまでしてこの授業に時間をかける必要があるのかな？　もっと別の科目で世界を広げてもよいのにな…」とも思った。念のため教務課にこのようなことができるのかを尋ねたところ、「可能」とのこと。「そうなんだ」と私としては不思議な思いだった。

ともあれ、次の授業では質問への回答として可能の旨を出席学生に伝えた。

教務課には参考まで、「こういう希望の学生はいるのですか？」と確認すると、学生の中には「成績で高い評価を得たい場合にある」とのこと。これを聞いて、「なんと、そんなことがあるのか！」と驚いた。確かに、授業の傾向が分かると点数は取りやすいが、前述のとおりテストを実施しない授業においてそこまで評価を気にする必要があるのかという思いであった。確かに自分の学生時代には優良可とその上の（優）（注釈：現在の「Ｓ」ランク評価のこと）が気になったことを思い出す。しかし「そこまでするのかな？」という疑問は残る。それに、授業の進め方においても同じ学生が二度受講するような内容にはしていないため、そうなったら、少し授業運営を変えなければならないかとも思い浮かんだ。

この質問をしてきた学生の真の思いは分からないが、別の学生から「出席メモ」でこんなコメントがあった。「今まで受けてきた授業の中で一番真剣に聞こうと思えた。前回の質問で『もう一回受けられるか』とあり、自分と同じ気持ちの人がいるなと思った」。これを見て、この質問は決して一人の特別な学生だけではないこと、それも成績のためではなく、授業自体をもう一度受けたいという純粋な思いなのだと感じることができた。このときは今まで学生に寄り添いながら授業をやってきてよかったと実感したものだ。

■期末課題は大学紹介

授業ではテストを行わない代わりに、期末課題として大学を紹介する課題を出すことにしている。それを読む（または聞く）対象は、これから進学先を検討する高校生とその保護者である。大学紹介という身近なテーマを自分たちとほぼ同世代の後輩に紹介することは決して縁遠いものではないはずだ。「ビジネス文章表現演習」では1000字程度の文章として、「プレゼンテーション演習」ではパワーポイントで自分の大学について発表する課題とした。

授業を引き受けた初年度はコロナ禍の全面リモート授業で、キャンパスにさえ入れないという事態になったことから、大学紹介が書けない学生（特に1年生）が出てしまうことを救済するため、大学紹介に加え、「自分の趣味・好きなこと」も選択できるテーマに加えた。この場合は、就活で入社を希望する会社の採用担当者が読む（または聞く）という設定にした。

こうした結果、毎学期末には、力作が揃った。とても「小論文」が苦手だなんて思えないような魅力的な文章に仕上がっているものもある。特に一般的な大学紹介では見られないような、学生ならではの視点に感心させられた。ランチやキッチンカーのことなどたわいもないこともあれば、それぞれの学科への思いを語ってくれる作品など、見る側をうならせてくれる。タイトルからも「さくらのグルメ～さくら女子大生の食事事情～」、「在校生による主観的大学紹介」、「さくら女子のここがいい！」などタイトルを見るだけでもワクワクしてくる。形式はカタログ形式もあれば、受験生と保護者に向けた「お手紙」形式、中には広報紙のようにレイアウトに凝ったものまであって楽しい。大人には思いつかないような視点にあふれた課題は、ついこの間まで高校生だったからこそ、高校生の心に響くように書けるのだと気づかされる。このまま授業の期末課題に留めていくのはもったいないとさえ思った。

そこで、「学生が課題として作成したものを、そのままオープンキャンパスの案内や大学紹介資料にいかが？」と入試課にアピールしたことがある。また先日も非常勤講師と大学関係者との懇談会で、昨今の入学者数の減少問題が深刻な課題として取り上げられたことがあった。これを受け、「期末課題の大学紹介を実際の広報に使ってみては…」と提案した。この理由はもちろん、１年前まで高校生だった学生の目線ならば高校生の心に響くからだ。このとき、近年顕著な女子大離れの逆風下で、何としても志願者獲得をと考える幹部の先生方は眼を輝やかせた。そして私の提案を聞いてくれた。その１週間後、社会人形成科目を統括する先生からメールが届いた。関係部署と連携を取った結果、オープンキャンパスで大学紹介のプレゼンテーションに協力してもらいたいので、学生にコンタクトしてもらえないか、というもの。「ついにそのときが来たか！」と、ワクワクする思いで授業前の時間に、オープンキャンパスを企画する部署の担当と話し合い、学生によるプレゼンテーションの機会が実現することになった。授業の時点では一つの課題に過ぎなかったものが大学の広報の一環として実際に、高校生に向けて発信できるようになったなら、学生のモティベーションはどれほど上がることだろう。この先の展開が楽しみでもある。

また学生からの期末課題に関するコメントでは「素直な学生の思いをテーマに制作しました。現役学生である私にできることは何か考えたときに、学んだことや学生同士の雰囲気などを素直に伝えることなのではないかと考えました。これを読んだ方に少しでも雰囲気や良さが伝わればいいなと思いました」や、「ビジネス文章の作成では相手の立場を考えることが重要だと学んだので、自分が高校生のときに知りたかったことを書きました。このような課題はないので新鮮で楽しかったです」と、それぞれに、意図をしっかり受け止め書き上げていて、成長を感じさせてくれるとともに講師冥利を実感した。

■うれしいコメントあれこれ

授業ごとに学生からのコメントを見ていると、ほのぼのした気持ちになってくる。「先生のパワポは他の授業と比べて色をたくさん使っているので、見やすくて、フォントと写真との構成を少し真似て、プロゼミ用のパワポを作ったら先生に褒められました！　初めてだったのでうれしすぎました！」教え子が褒められることは、我がことのようにうれしいものだ。「ビジネス文章表現演習の授業がいちばん好き?くらいこの授業に興味があります。それは先生のスライドが分かりやすくて、先生の世界観に惹かれているからだと思います！」など。

また学期の最後には、その期の授業全体を通しての感想や気づきを「出席メモ」で書いてもらっているが、そのコメントを紹介したい。

「今履修している授業の中で一番将来に役立つ授業だったと感じました」、「学期を通して、履修した授業で最も自分自身の成長を感じているのはビジネス文章表現演習です。難しかったけれど、楽しかったです」、「この授業はどの回も新鮮でたくさんの知識を身に着けることができた。ただ先生の話を聞くだけでなく、実際に課題の文章を自分で作成するので、学んだことをすぐに活用でき達成感を得られた」、「先生の授業は資料も解説も分かりやすくて難しいビジネス文章も挑戦しようという気持ちにさせてくれました。楽しくビジネス文章を学ぶことができました」、「この授業を履修してよかった。最初は文章を作るのが苦手だったけど、学んでいくうちに社会人がどのような文章が求められているのか、相手に失礼のない伝え方はどうか考え学ぶことができた。先生の言葉がどれも心に響くことが多く、これからも頑張っていきたい」。

学期を終え、これらのコメントを読み返すと、一人ひとりの学生の姿が思い浮かぶ。次の学期へのモティベーションが高まることは言うまでもない。

ここでご紹介したのは、これまでに授業を受けた学生のうちのほんの一部分だが、毎回授業の後に学生からのレスポンスをみるとほんとうに、癒される。こうした声が届き、それを目にすることができるだけでも、講師の仕事ができてよかったとつくづく思う。

本書の中ではこのようにうれしいコメントをいくつも紹介しているが、個人的に「うれしい」コメントの学生だからと、成績のうえで過大評価することは一切ない。このことは誤解がないようにはっきりとお伝えしたい。もし学生がこの本を読んで、成績のため「おべっか使ってみよう」と思っても、全く意味がないことを付け加えておきたい。

「出席メモ」は単に講師の自己満足のためにあるものではない！　学生の理解度や意欲を測ることはもちろんだが、授業自体の改善にも直結する。これまでも学生の意見やコメントから授業内容を一部変更や改善することはよくあった。

「パワーポイントの授業資料をあらかじめ印刷したいので、前日から見ることはできませんか」という要望があった。当初は授業終了後にポータルに公開していたのだが、このような意見を複数の学生から受けて、授業開始時間と同時に公開するように変更した。本来は授業中教室前方のスクリーンに集中してもらうために、あえて授業終了後の配信にしていたのだが、メモを取る側からすれば当然のことなのかもしれない。いろいろ迷ったが、学生の要望を入れて改善した。

パワーポイント資料を授業中に公開することになった結果、授業時間中に学生が行うワークの答え合わせをする課題の模範例文も公開されるようになってしまった。それを受けて別の学生から、「模範例文の回答は見せないでほしい」という要望につながる。この学生の言い分はもっともだ。答えが先に分かっていたら、真剣にやろうとする気もしぼんでしまうのかもしれない。ただ、これについては配付のタイミングとの兼ね合いが難しく、未だ実現できておらず、宿題を預かった形になっている。

また毎学期「課題の提出期限を延ばしてほしい」との要望がある。現在は課題提出の期限を授業の翌日23：59にしていることに対してのもの。バイトなどで忙しい学生にとっては確かに翌日提出のたいへんさは分かるのだが、授業では提出されたビジネス文章の課題や学生が書いた「出席メモ」を全て見たうえで、次の授業の資料を作成しているため、どうしてもこのスケジュールでなければ間に合わないのだ。これは譲れないギリギリの線なので、学生には「本当に気持ちはよく分かるのだけれど、次回の授業で共有するためにはこうせざるを得ないのだよ」と事実を伝え、なんとか納得してもらっている。ただ自己紹介文など文章の構成や作成の検討が必要な場合は、例外的に提出期限を延ばすように配慮はしているつもりだ。

「出席メモ」でまじめな要望を書いてくる学生にはできる限り、対応していきたいと思う。次の授業の準備とともに、授業改善への対応などやることは山ほどあって毎週毎週、時間はいくらあっても足りないぐらいだ。

■学生1039人との交流

本書のサブタイトル「～Z世代の学生たち1039人との交流日記～」の人数はこれまで授業を受け、巣立っていった学生の数だ。そもそも本書は私が「セカンドライフ」の大学講師として関わる中で、学生たちから得られた気づきや感動などを率直に紹介したいと思ったところからスタートしている。うれしいことに毎学期、多くの学生たちが教室に集まってくる。

全学共通科目なので所属する学部も様々で、微妙に学部カラーがあるのも興味深い。これまでの授業はコロナ禍で全面オンライン授業のときもあれば、対面で教室での授業となってリアルな接点があったことなどいろいろな場面が思い出される。そして、授業をばねに社会人として立派に活躍する姿を思い浮かべることも楽しい。

今思うことは、何よりも学生たちが真剣に授業に向かい、誠実に本音を伝えてくれたからこそ、この本があるということだ。学生が本書を手に取り、目を通す機会は、かなり低いだ

★これまでに私の授業を受け巣立った学生数

授業年度	ビジネス文章表現演習	プレゼンテーション演習
2020年	春秋学期合計４コマ：212人	春学期１コマ：22人
2021年	〃　４コマ：212人	〃　１コマ：21人
2022年	〃　４コマ：212人	〃　１コマ：18人
2023年	〃　４コマ：205人	〃　１コマ：24人
2024年	春学期　２コマ：90人	〃　１コマ：23人

※2024年７月現在延べ1039名

ろうが、その本音を伝えてくれたことに、感謝の気持ちでいっぱいだ。

講師は学生たちとこうした交流ができること自体が「楽しい」のだ。若者のエネルギーをもらい、気持ちのうえで元気になることも数多くあった。多分に自己満足の域を出ないが、「何がそんなに楽しいのか」その一端を皆さんに伝えたいと思い、今こうして書き続けている。

第4章　とは言え、楽なことばかりじゃないのだ編

前章では学生たちと交流する楽しさを書いてきた。しかしながら、大学講師は楽々で、楽しいことばかりではない。苦労することや、辛いこともある。本章ではそんな苦労をつぶやきながら紹介していきたい。

■コロナ禍でのオンライン授業の難しさ

オンラインの授業にはオンラインなりの難しさがある。コロナ禍前は私自身ZOOMを使ったことはなく、当初はいろいろ戸惑いがあった。しかしコロナ禍で緊迫し、追い詰められた厳しい環境下では、これを何とか乗り越えなければと、慣れない操作を吸収しようと頑張ったものだ。第一回緊急事態宣言下では管理組合の理事会でもオンライン開催が増え、ZOOMの扱いにも徐々に慣れていった。ただ、授業の場合は途中で通信トラブルにより授業継続ができなくなるのではないかなど、見えない不安とストレスがあった。自宅内のWi-Fi環境を少しでもよくしたり、インターネットスピードテストを何度もチェックしたり、でき

ることは何でも試みた。それでも途中で切れることへの不安は授業のたびに付きまとった。

ソフト面でも難しさに直面した。初めて教える授業の中では、学生がどのような反応なのか知りたいのだが、ＺＯＯＭの画面は残念ながらカメラＯＦＦの学生が多い。大学ではカメラのＯＮは強制できないというスタンスだ。聞くところによると、大学によっては学生が映っている映像自体が個人情報であり、その漏洩のリスクから授業の際は「カメラをＯＦＦ」にと、お触れが出ているところもあるくらいだ。そんな中で、「就活でのオンライン慣れのためにカメラＯＮはメリットがあるよ」とか、「バーチャル背景を使えば、部屋の中は映らないよ」など手を変え、言葉を変え、「カメラＯＮ」に誘導するのだが、そのハードルは高かった。よくても全体の２割くらいしか「カメラＯＮ」にならない。そのもどかしさを毎回感じたものだ。我が家の大学生の息子にそのことを尋ねるも、「カメラＯＦＦは当たり前さ」と涼しげに返してくる。ベッドで寝ころびながら受講している当事者からしてみれば、そんなものなのかもしれないと自分を納得させるしかなかった。

学生の顔が見えないため、頷きもなければ、声も上がらない。こちらから一方的にしゃべるばかりで、学生たちの反応が今一、掴めない。こうした環境の中では唯一、前述の「出席メモ」が授業後に提出され、その中のコメントを見ることで、授業に対する学生の反応を知ることができた。それを読んで、学生の気持ちを知ってどんなに勇気づけられたことか。

■延長授業の巻

全面オンライン授業のとき、この日は特にトラブルはなく、快調に授業は進行していった。「今日は上手くいった！」と気持ちよく4限の授業を終えた、その日の夜。学生たちから「出席メモ」がポータルで提出された。その中に「授業はもう少し短くしてもらえませんか」という要望があった。次の予定があったりして、早く終わりにしたいのだなと察した。ところが、同じようなコメントが別の学生からもあって、急に不安になった。そして冷静に振り返ってみると、4限の授業は本来16：10で終了だが、この日は16：20まで続けていたことが分かった。「ああ、やってしまった！」

だったら、「『先生、時間過ぎてます』と言ってよ」と言いたいところだが、授業が続いている中で、しかもオンライン授業の最中に、それは学生からなかなか言えないなと、思い直した。何の疑問もなく、勘違いのまま授業を続けていたわけで、「ゴメン。わるかった！」と次の授業の冒頭で謝った。教室だったらチャイムが鳴るのであり得ない話だが、オンラインならではの笑えない失敗で、学生たちには本当に本当に申し訳ないと反省するばかりだった。以来、終了時間はキッチリ終えるように心がけるようになった。

■ハイブリッド形式はたいへんだ！

２０２１年2月17日付けで文部科学省通知に基づいた「遠隔事業と対面授業の併用」とい

う春学期の授業形態についての決定通知が届いた。「遠隔事業と対面授業の併用」（通称ハイブリッド形式のこと）とは授業をリモートで学生の半数、対面で半数を対象に実施するというもの。コロナ禍の教室での密を避けるための措置として導入が決まった。これを見たときは一瞬、わが目を疑った。意図は理解できるものの、遠隔授業の中でも「双方向オンライン授業」をハイブリッド形式により実施することの難しさを大学は理解しているのかという点だ。どういうことかと言うと、全面オンライン授業であれば画面の向こうにいる学生だけを意識して授業を進めればよかったのが、ハイブリッド形式になると画面を通して参加する学生に加えて、教室の学生にも呼び掛けることになる。言うのは簡単だが、実際にオンライン授業を進める者としては、これはこれでたいへんなことなのだ。どちらの学生に対しても質は落とさずに、同様の効果を求めていくことはＭＵＳＴだと感じていたため、当初はそのような二兎を追うようなことができるのかと訝った。大学は指導する側のことは全く考えていないのではないかという疑問さえ抱いた。

そんな疑問があって当時の教務課担当にはすかさず、ハイブリッド形式で円滑に授業を実施するための方法について具体的に情報提供されるよう申し入れした。このときはなまじ中途半端なハイブリッド形式だったなら、いっそのこと全面的なリモート授業方式を双方向オンライン形式で実施した方が中身の濃い授業ができると確信していたからだ。しかし、これに対する教務課からの回答はなかなか得られなかった。ちょうどこの時期は次年度のシラバス作成にも影響するため、やきもきしたものだった。友人の大学教授からは、必ずしも文部科学省の意向どおりにする大学ばかりではないことを聞いていただけに、それができずに文部科学省の意向どおりに対応する大学の事情は、ある程度は察することができた。しかし、これまでやってきた自分なりの双方向オンラインの授業への自負もあり、このまま引っ込みたくはなかった。しがない一非常勤講師ではあるのだが…。

そのような流れの中で、大学の方針は変わるわけもない。気持ちの中では悶々としながらも、なんとか最善を尽くして、学生を引っ張るハイブリッド形式で授業をやるしかないという気持ちに傾いていった。

3月初旬、教務課担当者立会いの下、初めて教室で常設PCやプロジェクターを使用してみた。実際に体験することで外付けカメラの様子も分かってきた。なんとか教室にいる感覚をリモートで参加の学生に体感させ、教室授業と同様の質を提供していきたかった。

そこで考えたのはリモート参加の学生にも教室と同様の臨場感を持たせることだった。そのため教室の後方に1台のカメラを設置して教室の雰囲気を伝えるように考えた。それを実現するためにiPadカメラを教室後方に設置すれば教室の雰囲気を伝えられそうだと分かり、ハイブリッド形式による授業にも何とか光が見えてきた。それとともに、半数の学生たちとは言え、教室での対面授業ができることの期待のようなものもあり、2月初めに感じた強い反対の感情はもはやなかった。

3月下旬に教室で二度目の機材の作動確認を行った。前回の教室確認の際の感触を踏まえ、どこまでリアルに近い状態で授業が展開できるかを実際に試してみた。時はちょうどキャンパスの桜並木が満開のとき。いつもならば近隣住民に開放するそうだが、コロナ禍ではそれも中止となり、誰もいないキャンパスで一人桜を愛でながら、先々のことを思った。何となく自宅からのリモート配信とは違った、〝大学講師〟という気持ちになってきた。

▲コロナ禍で誰もいないキャンパスと桜

そして迎えた2021年4月最初の授業日。スクールバスを降りてキャンパスに入る。準備に余裕を持たせるため到着したのは1限が始まったばかりの時間だったので、キャンパスは閑散としており、講師室で出勤簿、ロッカー貸与、承諾書などの手続をする。いよいよ授業開始かと、気が引き締まる。

そんな思いを胸に早めに教室へ行き、準備に入る。自宅からの配信とは違い、ネットワーク環境への不安はなく、安心といえば安心だがうまくいくのかという、別の思いはあった。

元々、半数の学生が対面のため、教室出席者は「ビジネス文章表現演習」では53名中26名だが、70人教室でこの人数ならばゆとりがあり、密にもならずちょうどいい感じだ。それにもまして、目の前に学生がいること、話しかける相手がいることの「安心感」があった。リモート授業ではカメラONの学生がいるとは言え、ごく一部だし、画面越しではその存在感や意欲はなかなか伝わってこない。それに対して教室での授業はリモート授業とは全く違うリアルの感覚があることに驚いた。その点では学生を見て、反応を意識しながらできる授業のやりやすさ、進めやすさを感じた。帰路の車中で、教室で提出があった「出席メモ」をパラパラとめくった。授業の反応を授業後すぐに確認できる点でも対面はよいのかも…。

　そんなときに授業を引継いだ前任者から言われたことを思いだした。それはかつて授業崩壊があって、教員がメンタルで辞めたという話だった。前年のリモート授業で学生は全員が自宅からの受講のため、授業崩壊なんて何ら心配する必要はなかった。しかし対面となると、そんな心配事もあるのだなと、気持ちを引き締めた。幸いにして、当時はコロナ禍の対策のためソーシャルディスタンス（一人おきに着席する決まり）だったこともあり、授業中の私語もなく、かつての心配は杞憂に終わる。もっとも前年には全面リモートでの授業を1年間経験し、学生のまじめさと知識吸収への意欲は分かっていたので、大きな心配がなかったことも事実だったが…。

▲ ipad カメラを教室後方に置いたら、リモート参加者にも教室の臨場感が伝わり大好評！

前述の教室とリモート授業とを同時に行うハイブリッド形式で教室の臨場感を出すために設置したｉＰａｄカメラからの映像は、出席メモで「遠隔授業でも教室の雰囲気が伝わり、授業の実感が湧くのでこれからも続けてほしい」とコメントがあった。そこまでお膳立てする道のりはたいへんだったが、やってよかったと実感した。苦労の甲斐があったというものだ。

またリモート授業参加の学生からは「リモートの学生にも資料を分かりやすく説明され、自宅でも対面授業と変わらない質で受けられている気がした」、「どの授業よりも細かく説明があったのでよかった」とのコメントにモティベーションは高まった。多少のおべっかは割り引くとしても「来週、先生にお会いできるのが楽しみです」とのコメントは、前年のリモート授業ではなかったことだ。対面授業はこんなコミュニケーション向上の一面もあって、リモート授業以上に意識が高まっていく自分を感じた。

■ハプニング続出でオロオロ

学生の半数が通学で授業に参加するハイブリッド形式で授業を行っていた時期のこと、その日の授業はやけにオンライン参加者が少なかった。そんな2限の授業開始後10分ほど経過したときに、一人の学生からのチャットで、授業に入るためのミーティング情報が削除され、入れない学生が多数いることを知った。どおりで、この日は授業開始時のＺＯＯＭ参加者数表示が少なかったわけだ。慌てて授業を中断し、チャットで伝えてくれた学生に口頭でミーティング情報を伝えるとともに、知り合いの学生へのミーティング情報の伝達を依頼した。そのうえで、この日のゲストスピーカーの講演中にポータルの掲示情報を戻し、ミーティング情報を復活させた。この当時、ポータルの情報登録はアップした後、3か月後に自動的にクローズされる設定になっていることに気づかなかった。学期の授業が始まる前の時点では、3か月先のことまで考える余裕はなかった。知らないということは怖いものだ。

その後、学生から遅れてＺＯＯＭへの入室許可が続き、なんとか事なきを得た。元々内容が盛り込み過ぎの中で発生したアクシデントであり、この日の授業は時間内に終わらせることで手いっぱいだった。2限終了後の昼休み、講師室のスタッフに教務課からのメールを見るように言われた。そしてメールを見ると教務課にも学生から連絡が入り、ＺＯＯＭのミーティング情報を開示してくれたことが分かった。いろいろなところに影響を及ぼしてしまい恐縮するばかりだった。

■やってしまった授業の打ち切り

リモート授業を行う上では絶対に起こしてはならないのが、通信トラブルなどによる授業の打ち切りだ。前述のとおり、自宅からの配信の際は通信のバックアップを準備するなど細心の注意を払ってきたこともあり、幸いにしてオンライン上で授業の途中打ち切りはなかった。しかしその後、学生の半数が教室に通学する〝ハイブリッド形式〟の授業に変わった段階になって、事件が起きた。

２限、３限と順調に進んだ4限の「プレゼンテーション演習」のときだった。それまで何の問題なく作動していたＰＣが上手く動かない！　最初の10分ほどはよかったものの、その後、マウスが効かなくなった。ＵＳＢ端子対応のマウスがあれば何とかなったのかもしれないが、ブルートゥース型で、何らかの事情で効かなくなった。まさかウィルスか、などと考えると焦りは高まる。何度もトライしたが甲斐なく作動せず、絶望的状態。この日はどうしようもなく、学生にはこれから「プレゼンテーションをどうやって学ぶか」という課題を急遽出して、授業を打ち切ることにした。本当に苦肉の策だった。このときは「やってしまった！」と自責の念に駆られ、落ち込んだ。冷静には考えられず、勝手にウィルスにやられたと思い込み、落ち込んだ気分で教室の学生たちを帰した。

帰宅後に1日を振り返りながらＰＣを再起動してみた。すると、いつもと同様に稼働するではないか。「なんということだ！」、トラブル発生の際はＰＣを「再起動すればよい」と、これまで幾度もPC通の息子から言われていたが、授業のときはそこまで頭が回らなかった。冷静になれるかなれないかで変わるものだと痛感した。まあよき教訓となった。以来、教室での準備はそれまでよりも一層時間をかけ、余裕をもって行うようになった。

■あれ!?出席者より「出席メモ」が多いのはどうして…?

出席メモの提出をもって「出席」にカウントすることは前述のとおりだが、あるとき、頭数の出席者数より後で提出される「出席メモ」の方が多いことが発覚した。それ以前もなんとなく数が合わないような気はしていたが、「まさか…」と思いながらも様子を見ていた。両方の数が違う（教室の人数より、「出席メモ」の数が多い）ということは、出席していないにもかかわらず、「出席メモ」を提出しているということだ。そんなことがあるのか、と我が眼を疑った。しかし、残念ながらそれは事実だった。ハイブリッドでオンライン出席を認めている以上、厳密に授業の中で、点呼するなどしなければ把握できない。しかし、そこまでするのはどうだろうか…。選択科目であるし、無理やり授業に出てほしいとも思わないし、心が揺れ動いた。教務課に相談するも、シラバスで「出席メモ」をもって出席をカウントすると表明している以上、仕方がないと言われてしまった。「そう言うものなのだろうか…?」

そこで考えたのが、授業中に特定の「キーワード」を伝え、それを「出席メモ」に書かせる方式だ。例えばお詫び状であれば、書くときに大切なことは「共感」。これを「キーワード」にして授業中に口頭で伝えるというもの。これならば、授業に出ないで出席しようとするトリックは防げる。もっとも、授業出席者からキーワードを聞きさえすれば、すり抜けられてしまうのだが…。ただ、これは昔からあった「代返《だいへん》」のようなもの。そこまで、目くじらを立てるものではないと思い、急遽、期の途中からだったが、「キーワード」の記入欄を設けることにした。「キーワード」とは文字どおり、その単元での重要な言葉を示して共有するとともに、教室に出席したことを裏付けるエビデンスにもなった。狐とタヌキの化かしあいは昔も今も変わらないのかも…。

■教室で私語する学生

全面対面による教室での授業が始まった後、教室に活気が戻ったのはよかったが、私語をする学生が現れた。「授業を聞きたい学生が教室に集まればよい」という自分の考えのもと、そのときは無視をした。さほどのことでもないという思いもあったのだが、その日の「出席メモ」で別の学生から、「私語をする学生がいると、授業が聞き取れない」という声があった。このときは、心当たりがあっただけに、ハッとした。「やっぱり、あのときだったか」授業とは講師が中心ではなく、あくまでも授業を〝受けたい〟学生が中心になるべきものなのだと、大いに反省させられた。

そんなことがあった半年後の次の学期で最後列の二人組がしゃべっているのが分かった。教室の一番前の教壇にいても聞こえるのだから、周囲の学生にはさぞ迷惑なことだろう。すかさず、「私語は止めよう」と注意して収まった。二人組はその後も、こそこそ不穏な雰囲気はあったが、提出された「出席メモ」には、けっこうしっかりコメントが書かれており、複雑な思いであった。

登壇する前は前任者からの情報などで、スマホをいじるのは当たり前、中にはメイクをしたり、複数の学生による同時多発的な私語やひいては授業崩壊的な事象があると脅かされていた。なので、そうなることを危惧していたが、実際にはそのような事態にはならず、安堵したものだ。私が担当する科目を見る限り、懸念されたようなことはなく、学生全体からすれば、まじめによく授業を聞いていると思う。「出席メモ」もすごくまじめで熱心な学生たちに囲まれていることは救いだ。とは言え、毅然とした対応が必要なことを再認識した。

■スマホゲームは楽しいかい…?

ある日、ビジネス文章をワークする時間にPCを使っていない学生が一人いた。尋ねるとPCを忘れたとのこと。まあそれは仕方ないが、時間はもったいないので、「紙で下書きしてごらん」とアドバイスした。その学生は言われるがまま、紙に書き始めたようだが…。しかし講師は知っている。その学生がスマホゲームをしていたことを！　ただ、私語をする学生との違いは周囲に迷惑をかけるか否かということ。自らの意思で大学に進学し、選択科目として、「ビジネス文章表現演習」を選択して教室に来ている学生だ。無理やりワークをやらせる必要はないだろうし、やらないならばやらないでもよいではないかと思っている。そのあたりは私語で周囲に迷惑をかける学生と明らかに違うように思うのだ。

指導する側として、こうした学生は決して愉快な気分ではないが、そういうものだと思うしかないとやや諦めの気分でもある。最前列に座ってスマホゲーム。そりゃ、ビジネス文章を書くよりもこっちの方が何倍も楽しいだろうしな…。それにしても最前列に座る大胆さには驚いたものだ。

■ＡＩ「Chat GPT」時代ならではの苦悩

２０２２年秋の生成ＡＩ（Chat GPT）の出現により、世の中は変わった。生成機能に優れたＡＩを活用すれば、新たな創造や効率化が図れると、さんざんもてはやされてきた。私も初期の段階で大きな魅力を感じた時期があるが、ＡＩが決して万能ではないこと、必ずしも適切な回答が返ってこないこと、むしろ誤った情報さえあるなどの現実が見えてくると、ＡＩは使い方を間違えると、よい結果にはならないことを悟った。

授業でも最初のオリエンテーションで「Chat GPT」の特徴について触れた。文書生成機能は確かにある。でも、「Chat GPT」で作成したビジネス文書には違和感がいくつもあるからだ。一例を挙げるならば、宛先が「親愛なる（尊敬する）□□様」となることがあったりする。これは英文の「Dear」の影響だと思うが、未だに改善はされていないようだ。また拝啓、敬具の使い方でも。さらには文章の改行（1行空け）が多用されるなど、世の中のいわゆる「ビジネス文書」にしては違和感がある。こうした特徴があることを知ったうえでAIを活用すれば便利だが、それが正しいかどうかを判断する基準を持っていなければ、間違いや違和感のある文章がAIから提示されても気づかず、そのまま送ることになってしまう。そんな現実は既に我々の周りにいくらでもある。そうならないために、授業では「まずは自分で考えよう！」と話した。加えて、「考えずに課題をそのままAIに聞いていたら、つまり自分で何の努力もしないでいたら、いつまでたっても『ビジネス文章』は作れないだろう」と。昔、小学生のときに夏休みのドリルの答えを見て、そのまま宿題に書き写すことがあった。これをすると、考える面倒くささは省けても、身につかなかったのと同じことだ。

そんなある日のこと、課題に出したビジネス文章を「Chat GPT」で作成したことがバレバレの文章が送られてきた。見る人が見ればこのことは分かってしまうのだ。「こちらでは分かっているぞ、愚かなことよ」と思い、次の授業の際、改めて「自分で考える」ことの重要性を伝えることにした。また期末課題でも、明らかに「Chat GPT」を使ったと思われる提出があった。「バレルぞ！」と授業中にあれだけ釘を刺したのだが…。このときはいずれまた別の学生が同様のことをやってくれるのだろうな、と諦めの気分で思わざるを得なかった。

タイパ（タイムパフォーマンス）世代の学生の中には、自分の時間が最優先で、学びのために時間をかけたくないという発想があってもおかしくはない。でもこれも「狐とタヌキの化かしあい」であり、これからもエンドレスで続くのだと思う。便利な世の中になったからこその大いなる苦悩でもある。

■学生による授業評価

今どきの大学では学生による「授業評価」があることはご存じだろうか。企業でいうところの多面評価（３６０度評価）のようなもの。学生は無記名で授業の質、教員の対応、授業を受けての満足度などを5段階で評価する。昔の大学だったら考えられないことだが、世の中変わるものだ。教える講師の側として評価結果を見るときには少し緊張はあるが、これはよい取り組みだと思っている。なぜならば、教える側も学ぶ側のことを考えながら、教え方について工夫すべきであり、ある意味で「お客様」である学生が興味を持って、分かりやすく講義することは当然のことだと思うからだ。

かくして初めての「授業評価」はどんな結果になるのかと…。蓋を開けてみたその結果と言えば、「ビジネス文章表現演習」は5段階評価で４．７。「プレゼンテーション演習」に至っては５．０（満点！）という結果には驚いた。当時は全面リモート授業で課題提出型の

「つまらない」授業が横行していた環境もあるのかもしれないが、「想像以上、いいじゃないか!」と、学生たちからの高い評価とフリーコメントが私のモティベーションを持ち上げた。決して学生からの評価のために授業をやっているわけではないが、それでもうれしい限りだ。「学生が学びたくなるようなさまざまな工夫がされていたので、個人的に一番履修してよかった科目の一つです」、「楽しく学ぶことができたのでまた履修したいくらいです」と言ったコメントから、それまでの苦労が報われ、涙がでるほどうれしいコメントが並ぶ。ほんとうに承認欲求を満たしてくれたものだ。

このような観点からすれば、学生による授業評価は「楽なことばかりじゃない編」よりも「何がそんなに楽しいか編」になるのかもしれないが…。因みに、どの学生が高評価、低評価したかが特定できないように匿名で集計されているので、成績のためのヨイショはないことは付け加えておきたい。

もっとも学生の評価が高いから、次年度の給料が上がるか、と言っても全くそうはならないところは、世の中の成果主義とは少し違っているみたいだ。(笑)

■成績評価のたいへんさ

毎回の授業の準備だけではない。春学期と秋学期の終了後は、学生には待望の夏休み・春休みがくるが、講師には「成績評価」が待っている。前述のとおり、「ビジネス文章表現」

は丸暗記すればよいものではないため、大学講師になって以来、テストはしない方針を貫いている。テストをしても所詮〝一夜漬け〟のやっつけ仕事で、テストが終われば忘れることは目に見えているからだ。とは言え、テストしない分、授業中の課題への理解度や授業そのものへの意欲、取り組み姿勢などで評価することはなかなか難しい。公平性という観点は当然のことだ。そうなると、１クラス50名ほどの学生を念入りにみる必要があり、これがたいへんな作業になる。授業中の「出席メモ」を見返し、課題の提出を確認し、記録をたどりながら評価していく。一人二人の人数ならまだしも、３クラスの学生の評価ともなると、それなりに時間がかかる。いい加減な評価は受講した学生にも失礼なことだし、頑張っている学生の姿を思い浮かべると手が抜けない。「出席メモ」を見るとこんなに前向きなのだから、それに応えていかなければ、という勝手な思いもある。その一方で教務課からはSランク評価（最上位の評価ランク）は全体の５％以内に収めるようにとのお触れがあるのだ。

某年2月14日、この日は成績を確定する最終期限だ。日付の変わる提出期限まであと1時間に迫り、悩みのさ中にあった。それというのも教務課が定める評価人数の上限に収まらないのだ。つまり頑張ってきた学生が想定以上に多いということだった。大学の規定に従い、評価人数を絞るか、はたまた頑張ってきた学生の評価を優先するか、究極の判断を迫られていた。待ったなしの中で、最後は頑張った学生の人数で評価することに決めた。それは大学の規定に反することになるので、このときは本当に心苦しかった。が、間違っていたとは今

成績再評価の連絡

下記の対象者は「ビジネス文章表現演習」の課題が未提出のため、「成績再評価」の対象になっています。
提出したつもりでも、データが送れていないこともあるので確認してください。

《課題未提出者》
98765432　87654321　76543210

上記の対象の学生は、「課題提出（成績再評価）」に課題を添付して、速やかに提出してください。（最終期限 2 月 8 日）
期限までに提出がない場合は課題提出なしと判断し、単位取得に重大な影響するため、注意してください。　もし、何か相談やわからない点があれば QA で連絡ください。

▲学生に「このままでは単位が取れないぞ！」と注意喚起の呼びかけする掲示

でも思わない。

大げさかもしれないが、この評価で一人の学生の〝人生〟を左右することになるかもしれないと思うと何とも言えない緊張感があるものだ。

何年か授業を繰り返していくと、学期末の「成績評価」は徐々に慣れて自分でもだいぶ要領を得てきたのが分かる。昔、「レポートの評価は扇風機で飛ばして計る」なんていう都市伝説があった。あくまで都市伝説の域を出ない話だったが、今の学生から提出される授業のコメントを見ると、なんとか一行書いたものもあれば、ぎっしりと裏面まで書き込んでくるものまである。決して文字量では評価はしないものの、意欲の一端は、こうした面にも表れるように感じる。学生から指導する側に立場が逆転し、かつての「扇風機伝説」を初めて理解できた。

こうして成績評価に慣れてきたと言いながらも、

学期終了後の対応で悩まされることがやはりある。単位を取るには授業の3分の2以上の出席が必要になっているが、「あと1回足りない」というようなケースがあるのだ。出席率が1ケタ台で単位を早々に諦めた学生であれば、それはそれでよい。しかし、最終回の講義までけっこう出席し、授業後の「出席メモ」でのコメントや対応も積極的だった学生であったなら、出席があと1回分足らないことで単位を落としてしまってよいものかと思い悩む。逆に出席はほぼ１００％あり、問題ないのに、期末の課題が提出されないケースもある。通信トラブルにより提出できていないのか、はたまた別の理由で提出期限に間に合わなかったのだろうか。学生の何かの勘違いで提出できていないのだろうか。それとも提出ができないような深刻な何かがあったのだろうか…と、考えてしまう。

今学期も出席率は辛うじてクリアする学生の一人から課題の提出がなかった。提出期限後に、成績評価の最終提出の期限を過ぎた学生からポータルで照会があった。「外出しておりパソコンが手元にないため提出できないので本日中に提出させていただけないでしょうか」と。単位取得できるか否かの瀬戸際にある危機的状況のことを友人からでも聞いたのだろうか。ともあれ、「提出は帰宅してからでＯＫです」と返した。内心「よかった！」と、まるで自分ごとのよう胸をなでおろしたものだ。成績評価は毎学期のことで本当に悩みは尽きない。こんな講師の悩みなど学生たちは微塵にも感じず、理解できないだろうが…。

■コロナ禍での授業と感染リスク

オリンピックで日本中が盛り上がる中、春学期最終の授業の日のこと。2限の授業開始の10分前になっても学生が教室にもＺＯＯＭにも現れない。いつもなら30分以上前にＺＯＯＭに入ってくる学生もいるのだが、それもなく、まさかまた通信トラブルでもやってしまったかと一瞬緊張が走る。しかも今日は春学期の最終日だ。そんな中10：32頃にＺＯＯＭに一人の学生が入り、「ああ、よかった」と安堵する。その日、教室には2限だけでなく、3限も学生は入らず、寂しさと孤独を感じながらの授業となる。これも前日に東京で3千人を超え、過去最多の新規感染者を出したコロナの影響を思えば仕方のないことだが…。4限になって、この日初めての学生が一人教室に現れ、思わず「よく来た！」と声をかけた。群馬から通い、どうしても外せない授業があったからとか。教室に学生がいっぱいとは言わないまでも、教室には少なくても三～四名はいてほしいと感じる。これがコロナ禍の授業の一端でもある。

２０２１年秋頃はコロナ禍が少し落ち着いてきたことから、学生の半数が対面授業に緩和されることになった。しかし、年末からの第7波の頃には再びコロナ陽性者が急増するようになり、学生のコロナ感染（または家族との濃厚接触）による欠席も多発した。教務課経由で欠席の連絡が入ることもあれば、ポータルで直接教員あてに連絡が入ることもあった。連日報道される急増したコロナ感染者数と対応病床が足りないことなど、社会での混乱があいまって、教室での感染への不安は常によぎった。

全面リモート授業のときには自宅からの配信であったため、コロナ感染に関してはさほど不安はなかったが、教室に出向くようになると、万一自分が感染したら休講にせざるを得ない。それも当時の基準で10日間の隔離となると2回以上休講ということにもなりかねない。だから、「絶対感染してはいけないのだ！」と自分の行動を自戒した。これはこれで結構なプレッシャーだった。マスクはもちろん、教室内でのマイクやＰＣのアルコール消毒など神経質なくらいに万全の感染防止対策をするとともに、「絶対に罹らないぞ」との強い意志を持って毎回の授業に臨み続けた。

こうして２０２２年春学期最終日の授業を終え、何とか「今学期も無事に乗り切った！」と安堵した。しかし、そのわずか５日後のこと。どことなくだるさが残っていたのだが、訪れた病院でまさかの新型コロナ陽性診断に至った。夏休みに入ったことで授業には全く影響がなかったことは幸いだったが、あまりのタイミングのよさ（？）に驚くとともに、緊張が途切れたとたんに感染とは、目に見えない相当のストレスがあったのだと振り返ったものだ。

■トイレ不安症候群

こんな病名はどこを探してもない。なぜなら私が自分に付けた名称だからだ。前述のとおり、初年度授業直前で急性胆のう炎により胆のうを切除してから特に、食後にトイレに駆け込むことが多くなった。手術後徐々に治っていくとドクターからは言われていたが、半年たっても、1年経っても、数年たった今でもあまり変わらない。

そんな状況の中、コロナ禍が収束し、キャンパスへ行くことになったわけだが、電車とバスの乗り換えを含め片道1時間半あまり。結構な時間になる。まずは移動時間中のトイレが心配になった。実際に途中駅で駆け込むことも何回かあった。今では乗換駅のトイレの場所は完ぺきに把握できている。かくして家を出るときは整腸剤をしっかり服用し、気合を入れて電車に乗るのが日課になっている。これは、なかなか人には分かってもらえない悩みでもある。

かくして本番の授業を迎えるのだが、これまで授業中にトイレに駆け込むことはなかった。いったいなぜと、不思議なくらいだ。「過敏性腸症候群」という病名はストレスで不調を起こす病気と言われているが、電車の中では緊張しても、授業中は緊張していないのかもしれない。確かに大勢の学生を前にしても、緊張で足が震えるなんていうことはない。むしろ授業開始前より、授業開始後の方がリラックスしているのかもしれない。講師とは、そんな自分にあった〝お仕事〟なのかと、改めて感じた次第である。

■ある日の〝出で立ち〟日記

正直なところ今までファッションには疎い方で、あまり意識することはなかった。この歳

★〝出で立ち〟日記の例

日付	内容
■月○日	ジャケットなし、グレーで無地のシャツとチノパン
●月●日	紺の無地ジャケット、細かな格子のストライプのシャツとスラックス
△月■日	グレー無地のジャケット、縦縞のシャツで襟は２つボタンとスラックス
○月□日	ドゥクラッセ細かい柄のジャケット、無地のシャツで襟は１つボタンとスラックス

でもあるし、今さらという気分でもあるし…。もっともマンション管理士業のお客様である管理組合に出向くときには、ジャケット着用など最低限のマナーは気をつけてきたが、講師を引き受け、学生という多数の「お客様」に毎週顔を合わせるとなると気を遣う。ましてファッションには感性が高いであろう若い女性たちがお相手であればなおさらだ。

取り立てて着飾ることはしなかったが、服装を毎週変えることには留意した。そのためにジャケットとカッターシャツは授業の回数分を揃えた。そして「授業後日記」の中にこの日はどんな出で立ちだったかを記して、次の授業の際は重複することがないように気をつけてきた。テレビ局のアナウンサーが毎日違った出で立ちになっている姿を見て、彼らも色々考えているのだなと服装選びの苦労を思ったものだ。

★1回（1コマ）あたりの授業に要する水面下での準備時間（私の場合）

主な対応内容	平均所用時間（時間）
前回授業の「出席メモ」と課題のチェック	2
次回の授業資料へのコメント、質問回答への加筆	2
出席登録、資料整理、記録	1
次回授業準備（ポータルへ資料アップ、コピーなど）	1
次回授業のリハーサル（進行表作成）	1
大学までの所用時間（待機含む往復）1コマ換算	2

※学期末の成績評価、シラバス作成などを除く。

■非常勤講師の現実を知って唖然！

大学講師の話を受けた時には、新しい世界での可能性や、若い世代との交流など仕事のやりがいくらいしか気にはならなかった。言い方を変えれば、何とかなるだろうと高をくくっていたのかもしれない。そんなわけだから講師として得られる報酬（給料）のことは全く考えていなかった。しかし、この世界に足を踏み入れて、学期を一巡するくらいから、この仕事のたいへんさ（授業前の準備や授業後のチェックなどの手間）が次第に分かってきた。それとともに、今もらっている給料でどれだけの時間をかけているのか、どれだけ負担をかけているのかと、時給換算で意識するようにもなった。

非常勤講師の報酬（給料）は2023年時点では1コマあたり月額25，000円～30，000円程度と言われているが、私の場合もほぼ同様だ。1コマ90分と考えれば、時給は2万円ほど、結構いい金額じゃないかと初めは誤解していた。しかし冷静に考えてみると、報酬の額は１回あたりではなく、月額なのだ。つまり月の授業回数が４〜５回はある。ほかに、自宅に持ち帰って次の授業に向けた準備や授業後に資料を整理する時間もあるのだ。これらを含めて単価を出してみると、とんでもないことが分かってきた。「最低賃金」とまでは言わないものの、それに匹敵する低い金額には驚いた。これって派遣社員が時給の低さを嘆くようなものではないだろうか。

前述のとおり、大企業の正社員（管理職クラス）に当たる教授VS非正規雇用の派遣社員にあたる非常勤講師では、待遇に違いがあるの当然かもしれない。あれこれ考えるだけ無駄なことではあるのだが…。現実の厳しさを痛感した。

■教授と非常勤講師、天と地の格差

授業をしていると学生から「教授」と言われることがある。「教授」でもないのにそういわれると気恥ずかしさもあるが、学生にとっては外見上「教授」だろうが「非常勤講師」だろうが見分けはつかない。しかし、その実態はというと「天と地」ほどの違いがある。

研究室が用意されている教授と共同講師室という名の雑居スペース。個人的には広々とした講師室は嫌いではないが、あるものがない。ある時、教務課にそれを尋ねた。「非常勤講師に名刺はないですか？」と。すると、即座に「ありません」と答えが返ってきた。丁重な

★大学内での待遇比較

	教授、准教授、専任講師	非常勤講師
あるもの	・研究室 ・研究費用（文献購入費他） ・大学運営に関する決定権 ・授業曜日の選択権 ・有給休暇・産休・育休 ・雇用保険 ・退職金 ・次年度の雇用継続の保証	・共用の講師室 ・授業曜日の選択権
ないもの	？？？	・研究費用 ・社会保険 ・大学運営に関する決定権 ・大学内での会議への出席 ・有給休暇・産休・育休 ・雇用保険 ・退職金 ・名刺 ・次年度の雇用継続の保証

※大学によっても相違はあるかもしれないが、筆者が思いつくものを列挙。
（筆者が個人的に感じる点であることをご容赦いただきたい。）

がらも、ピシッと言い切られた。「言われてみれば、そうだよな」学生に名刺を配る必要もなかろうし、非常勤講師の分際で名刺がほしい、なんて言ってはいけないのだと悟った。

「非常勤講師」にあるのは「委嘱状」という紙切れくらいだろうか。現実を見ればそれはそうだ。残念ながら、給料以外でも落差は大きいと言わざるを得ない。

まあ私はここで「非常勤講師」であることの不満を書き並べるつもりはない。ただ、現実の世界とその落差を知ってほしいと思うのだ。それまで「非正規雇用」の派遣社員の待遇は違う世界のこととして、あまり身近に感じることがなかった自分だったが、初めて「非常勤講師」の世界を通して、この格差を実感したものだ。

大学講師には教授や准教授と任期の定めがない専任講師。それに対して1年任期の「非常勤講師」（兼任講師と呼ぶ場合も）がある。その格差は表のとおりで歴然としている。

待遇面での弱い立場を守るために「非常勤講師」の横断的な組合組織もあると言うが、私の場合は、あくまでも講師を本業にしているわけでないので、組合組織は遠い存在に感じてしまう。でも本業にしている非常勤講師の先生方のことを思うと複雑な気分になる。

■そこまでしなくてもよいのだが、やってしまう性

「非常勤講師」として、そんなに待遇がよくない。給料が低い。そんな条件ならば、そこそこのところで適当に手を抜いてとか、いっそのこと「辞めてしまえ！」ということになるはずだ。本業のマンション管理士業もあるのだから、さっさと見切りをつけて、この世界から早々に足を洗う選択肢だってあるのだ。でも辞めない。辞められない。それはなぜか？　それはこの世界で労は多くてもやっていることが「楽しいから！」なのだ。この楽しさについては第3章で紹介させてもらったが、第4章「とは言え、楽なことばかりじゃないのだ編」

で紹介してきたように決して楽なことばかりではない。でも、これだけ手をかけるからこそ、結果として「楽しい」のかもしれない。何もそこまでしなくても、どこまでやるかは講師に任されており、その範囲や到達のレベル感は自分で「やろう！」と決めればよいだけなのだと分かっちゃいるのだが、毎回の「出席メモ」から学生の前向きさが伝わってくるとやってしまう。そんな悩みはなかなか人には分かってもらえないだろうが…。

■契約更新の「天国と地獄」

毎年、秋になると翌年度の契約更新時期が来る。私の場合は忘れた頃に更新のメールがやってくるくらいにしか思わないのだが、本業にしている先生にしてみれば、更新の有無は生活に直結する問題だろう。メール一本で来年度が決まってしまうこの不安定さは、「非正規雇用」の待遇そのものだ。だからこの時期になるとソワソワする先生もいると聞く。

秋も深まり、暮が押し迫る頃、一通のメールが届いた。「今年も来たか」大学からの次年度の意向確認と更新依頼だ。給料は上がらないは、「非常勤」という〝劣悪〟な雇用条件であるは…。でも滅茶苦茶楽しいお仕事、いや道楽かもしれない。

数日後、次年度も継続する返答を送った。すると「いつも丁寧に授業を行ってくださり改めてお礼申し上げます」との返信が返ってきた。そうなんだよな。分かってくれる人がいるならばそれでいいのだ。たとえ給料が上がらなくても…。こんな楽しくて、やりがいのある世界なのだから…。

長く続いたデフレから脱却傾向にある昨今、大手企業では給料アップの話題が飛び交い、実際に給料アップする企業が続出していることは知っているが、この楽しく、素晴らしい世界では給料は上がらずだ。前述の「更新されただけマシだよ」と言われるようなもので、「非常勤講師」が置かれた立場の低さが浮き立つというものでもある。まあ、それはそれ。

どんな待遇であったとしても、本当に嫌だったら辞めてしまう選択肢もあるのだから、これ以上、愚痴を呟くのは止めておこう。

第5章　非常勤講師の現状と大学講師になるには…編

■非常勤講師の悲哀

「非常勤講師」の環境について、前章の後段でやや主観的に述べてきたが、この章では少し客観的に見ていきたい。大学には一般的に教授・准教授・専任講師という正規雇用グループと、「非常勤講師」のような非正規雇用グループがある。学校基本調査（令和4年版）によれば、国立大学を入れた全体では本務教員数（主に正規雇用グループ）と兼務教員数（主に非正規雇用グループ）はほぼ拮抗しているが、私立大学だけでみると兼務教員（非常勤）数は本務教員数を大きく上回っている。このことを知って私自身驚いた。今どきの大学は教授陣によって実質運営されているわけではなく、非常勤が中心の兼務教員で運営されているからだ。もっともこの両者は外見では判別はつかない。つくはずがない。私が授業の中で学生から「教授」と間違って呼ばれてきたことからも頷けよう。

一般論として言えば、専任講師以上が専門科目を担当し、兼任講師（非常勤講師）が一

★今どきは兼務教員（非常勤）の方が多い大学の内情

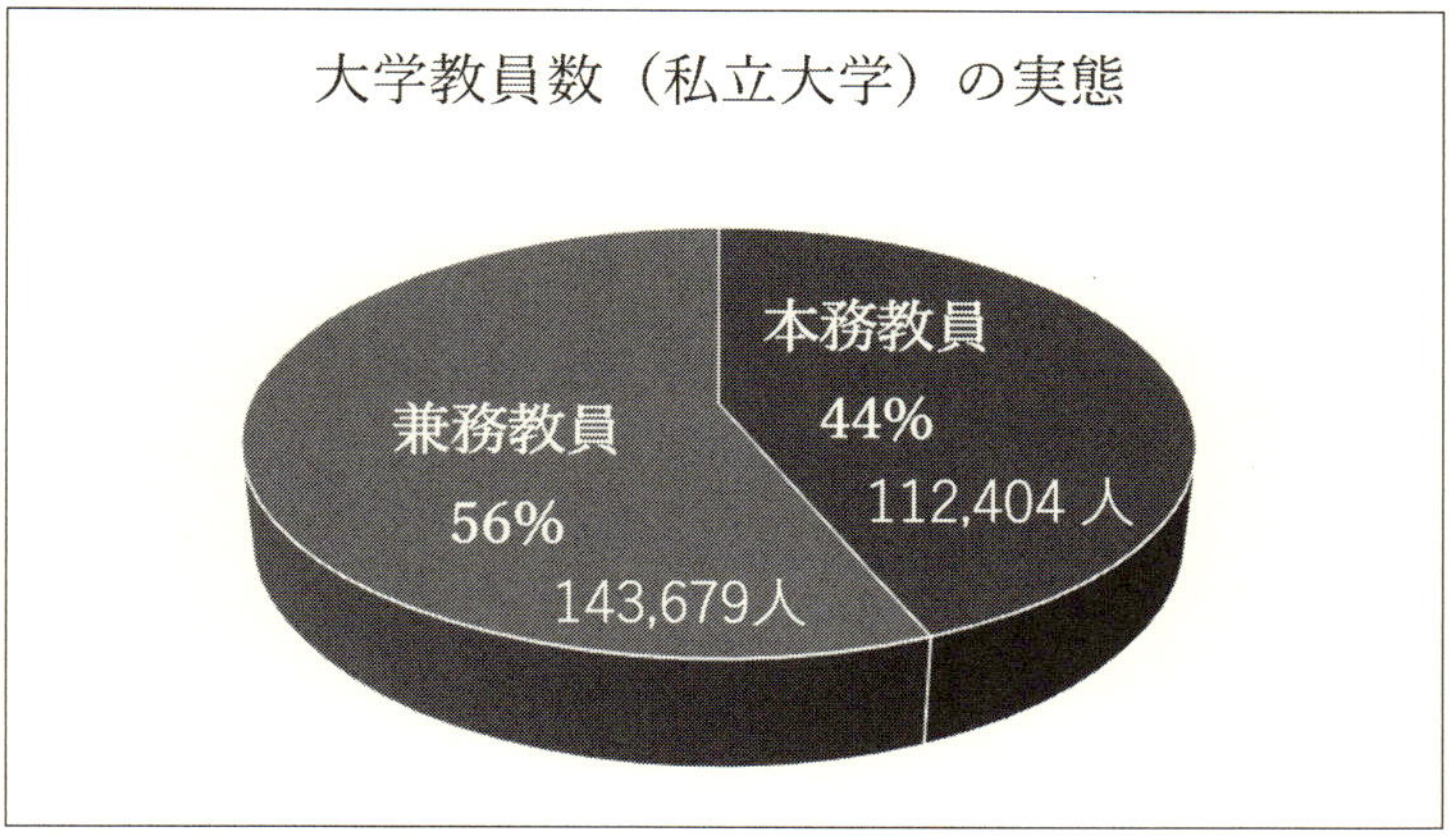

※学校基本調査（文部科学省）令和４年度版　大学職名別教員数より

般教養科目を教えていると言ってよいだろう。この二つの分野についての「評価」というのか〝重み〟を比べてみよう。大学と言えば、（現実がそのとおりになっているかどうかは別にして）高度な「専門科目」を研究し極めるもの、それに対して、文字どおり、教養として身につけるのが「一般教養科目」という位置づけだろう。どことなく「一般教養科目」は一段低く見えないだろうか。自分が学生の頃を振り返ってもそう思う。卒業に必要な単位程度にしか思わなかったはずだ。まさか私がその「一般教養科目」を教えることは想像すらできなかったが…。ともあれ、そのような位置づけにある「一般教養科目」を主に担っているのが兼任講師こと「非常勤講師」である。

「非常勤講師」の報酬は前述のとおり、低くて厳しいと言わざるを得ないが、そのような条件でも大学が希望する人材を集められるのは、次の理由があるからだろう。

①そもそも講師の募集（求人）が少ないこと。

②それでいて希望者が多いこと。

③大学経営の観点からは低コストの「非常勤講師」が有益であること。

ベテランの講師の方から話を聞くと、講師として応募する人は数十、中には百件もの公募にエントリーしても、なかなか採用までたどり着かない。それだけ希望者が多いということ、つまり需給のバランスが崩れた絶対的な「買い手市場」ということだろう。

さらには、私のような「非常勤講師」の場合、関係者からの紹介（縁故）によることが多いことから、待遇面で多少悪くてもなかなか「モノ申せない」環境を作っているのではないだろうか。私自身、本業ではない「非常勤講師」のため、大学の求人等の状況をよく把握できているわけではないが、当たらずと言えども遠からずではないだろうか。このような理由から待遇が厳しくなっていると感じるが、「非常勤講師」とは本当にたいへんな環境に置かれていることが分かる。

■大学講師になる道は…。

前任者からの声掛けで講師になってしまった〝なんちゃって講師〟が偉そうなことは言えないが、大学講師になるのはいくつかのルートがある。一般的に大学の教員は大学院を経て、研究を重ねて就任するというイメージがあるが、昨今では必ずしもそうではないようだ。それは「実務家教員」という道である。

「実務家教員」とは、やや聞きなれない言葉かもしれないが、ビジネスの世界で生きてきたビジネスマンには企業などでの実務経験を通して培われた知識やスキルがある。ある意味、これらはビジネスマンの強みでもあるが、この強みを活かして高等教育機関で活躍するのが「実務家教員」ということになる。あまり意識はしていないが、広い意味では私もその一人なのかもしれない。文部科学省の学校教員統計調査によれば２０１８年に採用された大学教員の１割は民間企業在籍者を採用したと言う。これを聞くと「実務家教員」は結構な割合ではないかと思う。背景には今の大学教育が実社会のニーズに応えるために、実践的な知識・スキルが求められるようになってきたこともあるようだ。さらにはこうした「実務家教員」を養成する高等教育機関さえあるというから、今は昔の大学教員とはずいぶん変わってきているようだ。

その一方で従来型の一般的なルートで大学講師になるには、大学によって若干違いはあるわたくしは、●●大学におきまして■■学部長を務めております▼▲▼と申します。 わたくしどもで◆◆◆をお教えいただきました非常勤講師の方が、都合により来年度の契約は更新されない旨、お申し出がありました。そこで、甚だ勝手なお願いではありますが、どなたかお心あたりの方はおられないかと存じまして、お尋ねする次第です。

本学部における◆◆◆は、××学系の専門選択科目として２単位（週１回、90 分授業）、配当学年は２年生からとなっております。

【中略】先生のネットワークのなかで、これぞという方がおられましたら、ご紹介いただけないだろうかと存じます。【以下略】

▲非常勤講師紹介を他大学の教員にメールで依頼する例

ものの、企業の正社員にあたる「専任講師」などは公募が原則のようだ。公開にして透明性を高め、開かれた教育を標榜する表れなのだろうか。それに対して「非常勤講師」の場合は公募ではなく、専任講師や大学関係者からの縁故での採用が一般的だ。「非常勤講師」は「公募」するまでもない!?ということだろうか…？　一般的に新たな学部・学科ができるときや授業の担当講師に空きがでた場合、担当科目の責任者が当該科目に適した講師をその周囲で探す。また病欠や産休など空きが出た場合にはすぐに空きを埋めたいということから、通常は専門分野での繋がりや周囲の関係者に声をかけて探すという。科目の分野が特殊な場合は、前任の講師からの声掛けなど縁故で採用されることもあるようだ。私もその口だ。また他大学関係者にメールなどで候補の紹介を依頼することもある。と言うことは、「非常勤講師」の場合、なかなか公募での求人情報が出回らないということになる。もちろん「非常勤講師」でも公募はある。大学の講師室の掲示板などにも他大学での求人情報も確かに出てはいる。ただ、公募であっても相当な倍率だったり、中には採用候補は内定しているのに〝当て馬的〟アリバイ作りのような公募もあるようだ。そう考えると運よく公募情報を得たとしても、手放しでは喜べないだろう。となると、後は足で稼いで、その情報を掴むしかないように思える。

ではどうすればよいかということになるが、まずは自分の得意な分野の確認だ。それまでのキャリアで得られた実務経験や知識を体系化できると強みになるだろう。「実務家教員」養成系の教育機関では実務経験を体系化する技術を学んでいくという。そして自分が得意とする分野（またはそれに近い分野）の授業が希望する大学にあるかどうかを確認する。多くの大学では授業科目と内容（シラバス）は公開されているので、あたりを付けることは難しくないだろう。具体的に言うならば、キーワードを「シラバス」と自分の得意分野（例えば「プレゼンテーション演習」）で検索すると、どこの大学に自分の得意分野の授業科目があるかが分かることになる。

次の段階は採用情報を有する大学関係者と地道にコンタクトを取っていく方法が確実だろう。自分の専門性（自分が得意な分野）が最も近いと思われる大学関係者にアプローチする方法ではないだろうか。とは言え、○◇教授のもとへ行って、突然「非常勤講師にならせてください！」と言ったとしても、言われた教授も困るだろう。そこのところは、まずは自分

★大学教授とのコンタクト方法（私だったら…）

①自分の得意分野の確認（可能であればキャリアで得られた知識を体系的に整理） ②自分の得意分野に近い科目がある大学の確認（インターネットで公開の場合が多い） ③その分野に関連する学会、講演会、勉強会、異業種交流会、セミナーなどへ参加して、お目当ての教授とコンタクト（名刺交換） ④教授へのアプローチ（自分のキャリアや得意分野、実績をアピール） ⑤信頼関係ができたところで、講師の紹介をお願いする。

※分野が異なる場合は別の教授を紹介してもらう。
※その時点で該当がなければ、後になってからでも紹介いただくようにお願いする。

の得意な分野をアピールするとともに、こんな経験や知見があると唸らせるような点を理解してもらい、信頼関係を作ることからだろう。ビジネス界出身であれば、研究論文がなくても、それまでの実績や講演的なことなどでも認められることがあるようだ。専門分野の研究が得意で学究一筋に来られた先生方のなかには、社会人の世界で様々な荒波に揉まれた経験を積んできたビジネスマンに対して一目置くこともあるかもしれない。もし得意分野（専門性）が違っていたり、ずれている場合は、然るべき教授を紹介してもらおう。もっとも、ここまでいくのはその大学関係者と信頼関係が築けることが前提になるが。もし大学関係者と信頼関係が築けたならば、その時点で空きがなかったとしても、後になって空きがでた段階で紹介してもらえる可能性も出てくるだろう。

大学という特殊な世界で専任講師や教授になった人の話を聞くにつけ、今でこそ立派な肩書がある先生方であっても、宝くじ的な偶然をくぐり抜けて採用になったというケースも少なくないようだ。大学に限らず、どの分野でもそうだが、人脈作りは地道な活動が必要であると言うしかないのだろう。

大学では65歳での定年が多く、私大では70歳というところもあるようだ。と言うことは、定年を控えた講師が身近にいれば、そこにコンタクトするという方法も考えられるだろう。定年に近い年齢の人がその大学にいれば、それだけ可能性が高まることになる。でも実際はタイミングが合わず、上手くいかないこともあるだろう。だから首尾よくいかなくても、焦らずに待つことも必要だ。それくらいの気持ちでどんと構えるくらい余裕を持てるか、どうかなのだと思う。

■身近に関係者がいない場合の求人情報の探し方

大学関係者がいればよい。しかしながら、身近にそのような人がいない場合には仕方がない。ならば、求職の際に頼りになるハローワークではどうなのだろう？　本当に大学講師の採用がそんなに難しいのか、試してみようとハローワークの情報をみてみた。今どきはわざわざハローワークに行かなくても書斎に座ったままインターネットで検索できるから、便利なものだ。そこでエリアを限定せず、職業分類番号０３１－０７（高等専門学校教員、大学教員）で検索する。そして年齢や資格の有無は問わない「不問」で検索した結果はと言えば、全国区で見ると全くないことはないが、技術系の高等専門学校や医療・看護の養成系の学校が目に付く。ごく普通のサラリーマンが得たスキルや知識に該当するような大学については、こまめに探索していくしかないのだろう。

前述の「実務家教員」だが、従来型で講師になるルートとは少し異なるが、「実務家教員」としての求人となると、ビジネス系に特化した大学の求人や「JREC-IN Portal」（注釈：国立研究開発法人科学技術振興機構が運営する研究職や教員に特化した求人サイト）、大学等と実務家教員のマッチングサイトなどが考えられるが、圧倒的買い手市場の現在においては相当な倍率になるようだ。

後は今はやりの転職エージェントの活用もあるだろう。試しに登録してみると、即座にレジュメなどの登録資料が送られてきた。私の場合、今以上に範囲を広げる予定はなく、登録する気はないので、その先での反応は分からないのだが…。

いずれにせよ、公募での募集は限定的のようだ。これが大学講師の世界の現実なのだろう。

もし大学講師にこだわらなければ、各種専門学校、予備校、社内ビジネス講座講師や社会人教育系の講師など資格不要の口はいくらでもあるが、あとは講師側と採用側が求めるものが合致するか否かになるだろう。もっと「教育」という世界を拡げるならば「臨時的任用教員」という採用枠もある。東京都であれば公立学校の1年任期での募集が毎年あるので講師の選択の幅は広がるだろう。昨今の時代を反映してだろうか、年齢制限もない！　但し、この場合「教員免許（失効含む）」が条件なので、私のような無資格者は対象にならない。自分が学生の頃は教職課程なんて、全く縁がないと思っていたが、いざこの年代になって効いてくるとは…。

もっとも昨今、公立学校の教員を取り巻く環境は厳しいようで、教員志望者の減少や文部科学省の調査で心の病による休職者が過去最高の６千人を超えるなど、教員の世界は決して甘いものではなさそうので、ここはあくまで参考情報まで。

大学講師は高校までの教員と違って「教員資格」のような特別の資格がなくてもなることができる。言い換えれば「誰でもなれる」わけで、その点では門戸は広い。ただ問題は保有するスキルや分野がその大学が必要とする基準や内容を満たすかどうかということ。さらには採用の口があるかどうかというところだ。それでも社会の変化に伴って、ＤＸ化とかアントレプレナーシップとか新しい科目のニーズもあるので、ビジネス社会で得られた得意なスキルを前述のとおり可能な限り、人脈（ネットワーク）を最大限活用しながら、たどって地道に当たっていく。これが大学講師の口を探し当てる鉄則だと思う。

■本業ではない気軽さ

大学での教鞭を本業にする選択肢はもちろんある。特定の分野での高度な専門性など世間での評価が認められて教授として迎え入れられるなら異論はない。ただ、客観的にみるとそれ自体はかなりハードルが高く、可能性は低いと言わざるを得ないだろう。

でも考え方を変えれば、そのような高度な専門性を持っていなくても、「非常勤講師」として大学で楽しい世界に浸ることはできる。ならばこんな〝お気楽〟な待遇はないかもしれない。教授や専任講師として複数のコマ数を受け持ち、始終、授業や研究のことを考えていなければならないこともない。また学生数の減少トレンドという厳しい大学経営に直面した中で生き残りのため、どのように対応するのかとか、文科省の指導方針に沿ってどうのこうのとか、面倒くさい学内業務など一切関係ない。大学によっては派閥があって、どこのグループに属するかで〝抗争的〟な面があるなど、私にとってはこのようなどうでもいいことに惑わされたくはない。そんな面倒くさいことは御免だ。

一方の「非常勤講師」はある意味、授業時間に外から訪ねてくる「お客様」のように迎えられる。これはこれで、なんという気軽さか。もちろん人間関係の軋轢など無用の世界だ。この辺りが楽しくて、素晴らしい世界ではないかと思う所以である。

「セカンドライフ」においては、こういう気楽な働き方のほうが適しているし、自分にもあっていると感じるが、読者の皆さんのお考えはいかがだろうか？

第6章　こんな楽しい世界を実現するための「経済的基盤」編

■大学講師業で生活できるの…？

　では私のように「非常勤講師」を本業にしていくことはできるのだろうか。ここまで大学講師を勧めておきながら、今さらではあるが、「経済的な面での問題はどうなの？」と、正面から尋ねられたなら、「非常勤講師」の薄給と厳しい待遇については前章で書いたとおり、本業としていくことは難しいのではないだろうかとも感じている。様々な事情から専任講師になれず、「非常勤講師」として生計を立てている先生方もいるとは聞いているが、その処遇が厳しいことはこれまで述べてきたとおりである。

　私が「非常勤講師」でも、楽しくこの世界を満喫しているのは、講師を本業としていないからにほかならない。本業として「非常勤講師」をされている先生方には申し訳ないのだが、これは重要なポイントだと思う。

「非常勤講師」という不安定で、決してよいとは言えない待遇の中においては、ある程度経済的に余裕がないと生活に追われてしまい「楽しく」講師業はできないはずだ。本業としての報酬を得るために10コマも20コマも掛け持ちする講師もいると聞く。でも生活をかけてこの仕事、この世界に無理して居続けようとすると、心身ともにかなりハードで辛いものになるのではないだろうか。ハードな生活に追い込まれるのは本望ではあるまい。そのように考えていくならば、ここは割り切って、講師業以外の分野で「経済的基盤」を築ける方法を考えていきたい。決して難しい方法ではなく、誰でもできる方法で・・・。

そんな私の経済的な基盤の柱は、ワンルームマンションからの家賃収入という一種の不労所得である。サラリーマンを卒業する前に、どうすれば、楽しく充実した「セカンドライフ」をおくる「経済的基盤」ができるのか、いろいろ考えた結果、都心のワンルームを手元資金とともにローンを最大限活用して購入してきた。これがあるからこそ、「セカンドライフ」で半ば道楽的に大学講師ができると言えなくもない。もう一つマンション管理士という仕事を持っている。これはこれで社会インフラでもある分譲マンションの管理組合運営を支援するという社会貢献的な側面があってやりがいはあるのだが、大学講師とこの世界は少し次元が異なる。このあたりの詳細については別の機会に譲ることにしたい。

■ワンルームマンションと賃貸経営

この項では私が今、大学講師業を楽しくやっていられるバックボーンの「経済的基盤」になっている賃貸不動産経営について少し触れておきたい。それは大学講師の世界に興味をもっていただいた方々に、前述のような「非常勤講師」の厳しい待遇面での処遇を乗り越えるためにも「経済的基盤」は必要と思うからだ。この章では、これまでの大学講師の「楽しい夢の世界」から少し現実の世界の話となり、文章のタッチも変わることについてご容赦いただきたい。

突然ここで「不動産投資」というと何か、怪しげな響きがある。かつてのバブル崩壊を経験した世代においてはなおさらのことだろう。これについて私の前著作本では次の様に書いている。

「不動産投資と言っても値上がり益を期待する投資（キャピタルゲイン）もあれば、資産として所有し、そこからの賃料を得る方法（インカムゲイン）がある。それぞれに特徴があるが、『経済的基盤』を築くなら私は迷わず後者を奨めたい。なぜならば、常に安定して定期的な収入を得られるようにすることが目的だからだ。一発大儲けを狙うのであれば、安く買って高く売る（キャピタルゲイン）となるが、〝デイトレーダー〟のように売買を繰り返し続けることは現実的ではない。また都心のワンルーム投資を不動産のプロは「ローリスク・ローリターン」で旨味がないと敬遠する傾向があるようだが、私はそうは思わない。手取りは少なくても、低リスクで定期的に着実に果実を得るという考え方こそが『自分らしく生きがいのある自由な世界』の経済的基盤づくりには効果的だと私は考えている。「インカムゲイン」でも、対象は土地付き一棟のアパートもあれば、建物を区分所有する分譲マンションもある。さらにその中にはファミリータイプもあれば、ワンルームタイプもある。そうした数ある選択肢の中から、ワンルームマンションを事業対象に選んだのには理由がある。それは自分で立地を選べるからだ。アパート経営は昔からあり、老後の生活を補う「経済的基盤」の代表選手である。もちろん一棟のアパートには土地がついていて安心だ。それ自体は魅力だが、土地付きのアパートを立地で選択する場合、私の資力では購入できるのはせいぜい郊外物件がいいところで、どんなに頑張ったとしても銀座にアパートは買えないのだ。これに対してワンルームマンションであるならば、土地は〝持分〟という権利しかないが、都心の一等地でもマンションとして一室を買うことは十分可能だからだ。

このように定期的な収入があることはとても重要である。もちろん収入は不動産に限るものではないが、物件選びを間違えなければ、リスクは低く不動産による「インカムゲイン」は有効である。その中でも私はワンルームマンションという対象を選んだ。

ワンルームを選んだのには理由がある。それは既に日本の人口が減少するトレンドにあるからだ。世帯数は２０２４年まで増加し、それ以降は世帯数も減少するとの将来予測がある。このトレンドで日本の少子高齢化は一層進んでいく。２０４０年には全世帯数の４割が単身世帯になるといわれているが、そうなると「夫婦子ども二人」という「標準世帯」と言われていたファミリー層はかつてのようには見られなくなっていくだろう。このように減少するファミリー層に対して、ワンルームマーケット（利用者）はまだ伸びしろがあるのだ。前述のトレンドで世帯数は２０２５年以降減少することになっても単身世帯は引き続き増加することが予測されている。核家族化、晩婚化、生涯結婚しない男女、高齢の単身世帯の増加、外国人就労者の増加など要因はさまざまだが、減少しているファミリータイプよりもニーズのある単身住居を提供することがリスクを少なく事業展開できることは明らかである」（以下略）と、こんな感じの紹介をしている。

■物件はどのように選べばよいの…？

では賃貸経営するワンルームマンションはどこを買えばよいのか、ということになる。どこでもいいわけではない。お客様である入居者が入る（その可能性が高い）エリアということになる。東京圏か地方かというならば、答えは東京圏だ。２０２３年総務省の人口推計によれば都道府県で人口が増加したのは東京都のみ。一極集中が続く中、絶対的に賃貸ニーズが高いからだ。確かに東京圏以外の方が物件価格は格段に安く、その結果、利回りも高くなって手が出しやすいように見える。でもそれは賃貸ニーズが高くないことを意味する。ここで既に日本の人口は減少期に入っていることを忘れてはならない。東京圏の中でも選ぶなら東京23区。その中でも賃貸入居者から人気のある中央線沿線、東急東横線沿線、東急田園都市線など物件価格は高く（＝利回りは低く）なるが、人気のない沿線の物件ではなかなか入居者が決まらず、やきもきすることになる。これは避けたいものだ。私に例えるならば大学で授業をしながら、入居者が決まったのかどうか、これからどうすべきなのか、などごちゃごちゃ考えなくてはならない事態は避けたいところだ。

そして新築物件は絶対に避けること！　それは新築物件にはデベロッパーの経費が含まれているため、どうしても価格が割高になる（＝利回りは低くなる）からだ。自分で住むなら新築がよいのはそのとおりだが、自分が住むのではないのだから、これについては割り切ろう。ただし、あまり築年数が経っている物件も要注意だ。マンション管理組合運営を専門とするマンション管理士の立ち位置から説明すると、建物は築40年以上になると、老朽化とともに所有者の高齢化なども相まって、賃貸率が高くなったり、管理が複雑化してくる。だから金額が手ごろで買いやすいからと言って、管理上難しい物件を購入リストに加えることは慎重に考えるべきである。

さらに付け加えるならば、旧耐震基準の物件は避けること。１９８１年（昭和56年）６月以前の基準では耐震性に問題があると言われている。もしこれらを耐震補強工事する場合には、高額の補強工事費用がかかるとともに、区分所有者間でその合意形成する困難さは計り知れない。だから金額が安くても、たとえ立地がよかったとしても旧耐震基準の物件は避けるのが無難である。

もう一つ、大学講師をする場合、勤務地は必ずしも東京圏でない選択肢もあるだろう。地方都市の大学に通う選択肢もあるはずだ。そこから東京圏の賃貸経営だってできるのだから…。自分の勤務地は「全国区」で選べたとしても、ワンルームマンションは文字どおり「不動産」であり、動かすことはできない。だからこそ物件選びは慎重にしたいものだ。

また、この本では私が楽しく満喫する「セカンドライフ」として大学講師の世界を取り上げたが、活躍するフィールドを大学講師に限定することはない。それ以外にも皆さんの「セカンドライフ」を送るために共通な「経済的基盤」とする場合でも、東京のワンルーム投資は有効であり、その物件選びについても全く同じことが言える。

■今でもワンルーム投資は有効なの…？

不動産価格（当然マンション価格も）が2024年時点で高止まりしていることは、ご存じのとおりだ。建築資材や人件費の高騰による新築マンションの価格上昇が中古マンションにも影響している。加えて円安による海外投資家からのバーゲンセール的爆買いやら、国内の低金利下での有効な投資先としての需要増など様々な要因がその背景にあるのだが、こんな高止まりの状況の中で果たして、投資用不動産に手を出してよいのだろうか。そんな疑問を持たれる方も少なくないだろう。それはもっともなことだ。

そんな方々には一言伝えたい。それは賃貸経営に一歩踏み出したなら、国内銀行預金を何十倍も上回る利回りが得られること。それだけに留まらず、不動産事業を営むことでサラリーマンであれば給与所得の損益通算で、経費を計上でき節税が図れること。（もちろんできる範囲に限度はあるが…）また私のような「セカンドライフ」に差し掛かった者であれば、「不労所得」として、時間に拘束されて働かず、道楽的に「大学講師」のような生活であれ、趣味に生きるハッピーリタイアメントの生活であれ、好きなように自由な生活ができる。「不労所得」には時間に追われてあくせくすることなく、自分の時間を有効に使えるという大きなメリットがあるのだ。

さらに言えば、昨今の物価の上昇や長期金利の上昇気配などからも窺えるように、バブル以降「失われた30年」と言われるようなデフレの時代が終焉を迎えようとしていることもある。今後、インフレ傾向がより鮮明になってくるときには、資産として不動産を保有することがますます有効になるのだ。資産を有する者と持たざる者との格差は一層開いていくだろう。

もちろん65歳以上になれば年金という収入はあるが、年金だけで本当に「自分らしく生きがいのある自由な生活（セカンドライフ）」が送れるかというと、残念ながらそれには大きな疑問が残る。だから年金はあくまでもプラスαくらいの感覚で生活できるようにしておくことが、先行きの不安におびえず、安心して老後を過ごしていく秘訣ではないだろうか。

結論は「今からでも不動産への投資は遅くはない！」である。とは言え、不動産投資はあくまでも自己責任の範囲で行うべきもの。だから、この道を私から無理に勧めることはしない。この方法が有効だと確信した人だけが進んでいけばよいのだ。

■ゼロ金利解除後の戦略

17年間続いたゼロ金利政策が解除されることになり、これから経済全体が変化していく中で不動産、ワンルーム投資にも影響は出てくることが想定される。これまで低金利の恩恵を受け、「借りなくては損」とばかりに借入れを増やしてきた方がいることは事実だ。住宅ローン利用者の7割が「変動型」を利用していると言われる中で、長短金利が引き上げになれば住宅ローン金利が上昇し、不動産物件を買いにくくなると思う方もいるだろう。確かにその指摘はそのとおりで、すでにフルローン物件でアップアップになっている人は今後の金利上昇に備える必要がある。バブル崩壊後、久しく忘れられてきた金利上昇リスクが現実のものとなってくるだろう。

ただ、既存のローン利用者が変動金利であったとしても、金利が一気に上昇する影響を抑えるために、毎月の返済額の見直しは5年ごと、引き上げの上限は25％までとする見直しルールを設け、歯止めをかけているのが一般的だ。このように一定の猶予はあるので、債務比率が極端に高くなければ慌てふためくことにはならないだろう。ただ、他の先進国のように金利上昇が今後も続いていくとなると、ゼロ金利のぬるま湯の中、フルローンで投資してきた方々には要注意だ。今後の金利上昇度合いを見ながら、借入金の繰上返済などリスクヘッジしていく必要も出てくるだろう。もちろん繰り上げ返済するためには原資が必要だ。だから消費者金融のコマーシャルで流れる「ご利用は計画的に」となる。これまでのように安易にフルローンへ進むことは慎重にするべきだろう。

その一方で、ゼロ金利解除はマイナス要因ばかりではない。プラスの要因もある。ローン利用に一定の縛りが出てくることによって、不動産購入自体を控える人が出てくることは間違いない。そうなったときに現在、高止まっている物件価格を押し下げる要因になることも考えられる。そのように考えるならば、新規の物件が取得しやすくなる可能性もあるのではないだろうか。また、これから取得する際にローンを利用する場合には、頭金を多く入れるなど借入れ過多によるリスクを意識する必要があるだろう。

このようにゼロ金利解除後は、プラス・マイナス両面の影響が出てくるので、しっかり見極めていく必要がある。背伸びをし過ぎたり、無理な返済計画で突っ走るなどを避け、無理をしないで安全、確実に進むことがこれからの時代の鉄則でもある。

■素人でも賃貸経営はできるの…？

マンション賃貸経営の意義についてはご理解いただけただろうが、果たして素人が、こうした事業を「本業の片手間にできるのだろうか?」と疑問に思う方もいるだろう。答えは「できる!」だ。ただし、一人の力では難しい。

賃貸経営を始めると、真っ先に家賃の回収が思い浮かぶ。家賃は払って当たり前ではあるが、当たり前の家賃を払わない輩もいる。こうした場合に、その回収を素人のオーナーが一人でできるだろうか。また「真夏の夜中にエアコンが壊れた!」、「今、漏水が起きて困っている!」といった突然発生するトラブルへの対応や外国人入居者とのコミュニケーションなども必要だ。それも24時間付きまとってくる。これらは想定外のことではなく、日常ごく普通に起こりうることばかりなのだ。授業中に入居者から「漏水です! 何とかしてください!」なんて緊急事態の連絡が入ったとして、学生たちに「マンションが緊急事態なので、自習して…」とは言えない。だから、一人でやろうとすると、どこかで無理が出てくるもの。これらを解決するには「餅は餅屋」といわれるように、専門分野はその道の専門家に任せるのが得策だ。

賃貸経営においてはパートナーとして信頼できる賃貸管理会社を見つけることが重要だ。賃貸管理会社は、こうした日常のトラブル対応だけでなく、入居者が退去した後のリフォームから、マンションオーナーにとって〝お客様〟である新しい入居者を見つけることまでやってくれる頼もしい存在でもある。だからこそ、自分のやりたい世界、楽しく充実した「セカンドライフ」を実現するために信頼できるパートナー選びは慎重に進めていきたい。

■〝やりがい〟を叶えられる「経済的基盤」

「経済的基盤」とは普通のサラリーマンであれば、給料のことを言うだろう。ただここで述べるのは、あくまで給料以外の収入を指す「経済的基盤」である。これがあれば、サラリーマンの時代においても、サラリーマンを卒業した後の「セカンドライフ」においてもその人の生き方を支えてくれる。特に中高年サラリーマンの場合、どこかのタイミングで役職から外されたり、給料が下がったりする。かつての年功序列の時代には考えられなかったことが、今や当たり前のことになっているが、そんなときにも、給料以外の収入があることでどんなに助けられることだろう。

私の場合も年功序列制度の廃止に伴う人事制度の改定により、それまで上昇一本だったサラリーマン生活の潮目が変わり、経済的に逼迫したことがある。そんなときに子どもの授業料や進学塾など教育費が重くのしかかってきた。サラリーマンが中高年に差し掛かる時期に教育費が嵩むのは誰にも共通のこと。仕方がないことではあるが、きれいごとでは済まされない。私自身、このときは給料だけでは賄いきれなかったが、ワンルームマンションからの賃貸収入があったからこそ、その局面を乗り越えることができた。このときほど、給料に頼りきらない「経済的基盤」のありがたさを感じたことはなかった。また、このとき感じた「精神的に救われた思い」は今も忘れられない。

こうした「経済的基盤」はサラリーマン卒業後の楽しくゆとりある「セカンドライフ」を送るうえで、さらなる威力を発揮する。「不労所得」は文字どおり自分の時間を切り売りしないで収入を得ることができる。だからこそ、「自分らしく生きがいのある自由な生活（セカンドライフ）」を実現するうえで「経済的基盤」は欠かせないことはお分かりのとおりだ。

でも、これは誰かが教えてくれるかと言うと、現実はなかなかそうではない。自らが気づき、将来を考え、実行する意識を持って行動していかないと実現できないものである。その点、本書を読んでいただき、かつ、この第6章を読んでいただいた方には、この「経済的基盤」が「セカンドライフ」を実現するうえで、いかに重要であるかをご理解いただけるのではないだろうか。

ただ気を付けておきたいことは「不労所得」を得ることだけを目的にしないことである。不動産オーナーの中には収入を得ることを半ば目的化し、不動産投資にのめり込む方々も結構いる。それはそれでよいのだが、巷間、書店の不動産投資コーナーには「超高利回り、不動産〇〇法」、「不動産投資で〇億円」、「月給〇円の僕が資産〇億円を築いた不動産投資」など不動産投資を過大に煽る（それが全てリスクなく簡単にできるような誤解を生むような）書籍がいくつも並んでいる。

自分のため、家族のために収入源として確保する手段は当然のことである。私はそれらを否定するつもりはないが、リスクを過小評価したり、お金を稼ぐことを目的にして、それだけで終わってしまったなら、ちょっとつまらないのではないかと思うのだ。チャールズ・チャップリンの名言に「人生に必要なのは勇気と想像力と少しのお金（some money）」がある。お金はあくまでもsome moneyでよくてa lot of moneyである必要はない。お金を稼ぐことはあくまで、「セカンドライフ」での夢をかなえたり、自分らしく自由な生活を送るための手段ということではないだろうか。少なくとも自分のためだけにお金を稼ぐことで人生を終わらせず、生きていきたいと私は思っている。

繰り返しになるが「経済的基盤」を築くことと、自分がやりたい世界を持つことは別物だ。世のため、人のためになることや、自分の好きなことができる生活、そんな「セカンドライフ」を実現し、支えてくれるのが「経済的基盤」という関係になる。

また本書では大学講師の楽しさを述べてきたが、前述のとおり充実した「セカンドライフ」はなにも大学講師に限ったものではない。ほかにも充実した楽しい世界は様々あるはずだ。人それぞれに思い思いの「セカンドライフ」がある。それらは生き方そのものであり、可能性は無限だ。自分自身が、楽しく充実していると感じる「セカンドライフ」を送るために、「経済的基盤」は重要かつ、不可欠のものだと言える。だからこそ、「経済的基盤」を築いていくことが「セカンドライフ」を充実させるキーワードであることは間違いない！

■ちょっとだけＰＲ。私の著作本のことを。

余談だが、授業で「自己紹介文」を単元として取りあげるときに、私の経歴を紹介した2冊の著作本のことに触れた。これらの本は私の不動産投資の体験とノウハウについて書き著したもので、ほとんどの学生には不動産投資自体が無縁の世界だ。自己紹介の関連でほんの少し触れただけなのだが、その日の「出席メモ」で学生から「マンション管理士資格に興味。お金をもらう方法に色んな種類があるのだと思った。働いて稼ぐ以外にも稼ぎ方があるのだと初めて知った。マンション賃貸というのは、新たなコミュニケーションが生まれると思うので第2の人生としていいと思った」と言うコメントや、「今でもいっぱい、いっぱいなのに老後も不安過ぎて、先生の賃貸経営や株など投資を考えなきゃとハッとさせられました」と言うコメントには、社会に出る前の学生でよくそこまで先を見通してくれたな、と思った。これも今の時代なのだろうか。でもだからと言って、こうしたコメントや考え方が「成績に反映されるわけではないよ」と、学生から聞かれたら伝えなければならないが…。また別の学生から「その本（注釈：私の初作本）を家で親が読んでいました」との意外な反響もあって、驚かされた。ベストセラーでもなんでもない一冊の本なのだけれど、読んでくれる人がいたことを知り、悪い気はしなかった。

ワンルーム投資と賃貸経営の心構えやノウハウについては、まだまだいろいろお伝えしたいことがあるのだが、紙面の関係からここで一旦置くとして、セカンドライフの「経済的基盤」の築き方に関心がある方、詳しくお知りになりたい方は、私の体験とノウハウを紹介した拙著「サラリーマンの出口戦略『自分らしく生きがいのある生活』は低リスク・超安定のワンルーム投資で実現する！」（アーク出版）をご覧いただきたい。単なる不動産投資のマニュアル本ではなく、特に中高年のサラリーマンの〝出口戦略〟として、これからの「セカンドライフ」を考えるうえで、何らかのお役に立てるものと確信している。

▲私の２冊目の著作です。

マンション管理士のお仕事：

マンション管理士は管理組合運営のプロフェッショナル。国家資格でもある。分譲マンション管理組合運営を円滑に行うために理事会でのアドバイスや総会運営など側面的に支援する。まだまだ認知度が低いものの、近年、高経年化や複雑化しマンション管理が難しくなる中で、適正な管理を実現するために注目される仕事でもある。マンションで賃貸経営するのにマンション管理士の資格は必須ではないが、適正な管理をするうえでは有益な資格でもある。近年、「セカンドライフ」を実現できるシニア世代の資格として取得を目指す人も多い。

第７章　徒然に思うこと

■私にとって文章表現とは…。

誰もが知る名著の序文で「徒然なるままに…」を今の自分に置き換えてみると、「日暮らし、硯に向かひて」：一日中（現代の硯こと）パソコンに向かって、「心にうつりゆくよしなしごとを」：心の中に浮かんでは消えていくたわいもないことを、「そこはかとなく、かきつくれば」：とりとめもなく書きつけていると、「怪しうこそものぐるほしけれ」：面白くなって熱中して、書きたい気持ちが高ぶって、となる。

「徒然なるままに」は原文では「手持ち無沙汰で退屈で仕方がなく…」という意味で、「あれやこれやと忙殺されている」今の自分と大きく違うものの、古《いにしえ》の兼好さんと同じ気分で、ここまで一気に書き上げてしまった。何しろ、大学講師は興味深く、めちゃ楽しい世界だからだ。

学生からこんな質問がある。「先生は小論文は得意でしたか?」と。普段なかなか自分では考えないことだが、聞かれたらそんなに得意ではなかったと答えるだろう。小学生の頃の読書感想文や何かの作文など得意でも好きでもなかった。

でも少し思い起こすと色々なことがあった。中学校を卒業した春休み、初めての九州への一人旅。そのときの行程などを記したノートのところどころに感想が書かれていた。大学の卒業旅行は北京からシベリア鉄道でユーラシア大陸を大陸横断した。モンゴルから旧ソ連との国境を通過した際の緊張感など、道中の手記が家の中に残っている。初めて日本の最西端の島、与那国島に行き一人で野宿し、台湾へフェリーで渡ったときも手記を書いていた。そういえば離島に渡る時のローカル航空会社の機内誌にそこでの体験を投稿したこともあった。結婚後の旅行の際もオーストラリアの大陸横断、カナダへの旅行など何かと手記を書いている。長男が通う予定だった幼稚園に統廃合の計画が持ち上がり、仲間とともにそれを阻止したことがあって、そのときの劇的な逆転劇の記録も書いていた。ホノルル赴任時には家族とともにミッドウェー諸島へ行き、コアホウドリの群れに出会った時の感動を書き残し、ローカル日本語紙「East West Journal」に投稿したこともある。モロカイ島のダミアン神父が不治の病に苦しむ人々に献身的に捧げたコロニーへミュール（注釈：ロバの一種。ラバのこと）に乗って訪れた時も寄稿した。海外駐在中、業務として「海外現地即日発行カード」プロジェクトをスタッフの協力で成し遂げた時の軌跡も誕生秘話として残したことがある。54歳のときには、窓際サラリーマンが思い切って1年に8戸のワンルームマンションを購入して賃貸経営を始めた体験を書き著した。私の初作だ。その後、サラリーマンを卒業した後のセカンドライフ「サラリーマンの出口戦略～」をありのままに書いた。そして今、３作目の本書を書いている。

作文は好きではなかった。確かにテーマを与えられ、それに従って何かを書くというのは好きではなかった。ただ元々忘れっぽい性格で、感動したことでも月日の流れとともに忘れてしまうことがよくあった。だからこそ、その感動を忘れないように書き留めてきたのだが、昔から、嬉しかったこと、感動したことや残したいな、と思ったことを書くのは嫌いではなかったのかもしれない。今でこそ、ちょくちょくマンションや防災関係の執筆依頼があって、書くことが仕事の一部になってしまったが、自分のこれまでを振り返ってみると、実は「書くことは好きだった」のかなと実感する。

授業で「小論文」を取りあげた中で、「文章は何度も見直せば見直すほど練れてよくなるよ」と話したことがあった。そのときに、今も新作の本を書いていると話したことがある。学生からは「先生はどのような本を書いているのでしょうか。７万文字も書いているとお聞きしてとても驚きました」などというコメントがあった。１０００文字の課題の小論文でさえ、たいへんな文字量だと感じる学生たちにとって、万の単位の文字数を書くのは信じ難いものなのだろう。でも私だって無理に書こうと思っても書けないものだ。自分で「書きたい！」と思ったときこそ、書けるタイミングなのだとつくづく思う。

今の私にとって、文章表現は切っても切れない関係になっている。そして書いているときは、表現することに没頭できるので他のことを忘れ、一種のストレス解消にもなっている。仕事の昼休み時間のわずか10分でも書くことでスッキリしてくるものだ。書くことは頭の中を整理することになる。机の上が片付いていると仕事がはかどるように、頭の中がスッキリしていると、ことがうまく運ぶものである。私にとって〝書く〟ことは、生き方そのものになっている。前記のコメントをくれた学生もいつかは、今とは違った考えに変わってくるときが来るのではないだろうかと思ったりする。

■教えることは自分の勉強になる

「ビジネス文章表現演習」も「プレゼンテーション演習」のいずれの知識も私の場合、誰かに「教えてもらった」というより、ビジネス社会の経験の中で、自分自身で試行錯誤を繰り返して行きついたもの。これは多くのビジネスマンにとっても似たようなものではないだろうか。

それゆえ、自分なりの表現は分かったとして、それが本当に正しいのか、なぜそうなるのか、類似の表現はあるのか、文法上・理論上はどうなのかなど考えることはあまり多くはなかった。

しかし学生に教える以上、間違ったことは教えられないし、できる限り時間をかけて調べるようになった。調べた結果、自分の表現が正しくないことが分かり、途中から修正したことも何度かあった。自分の体験や知識を理論づけしたり、調べて体系化することの重要性を感じるとともに、教えることは、自分が勉強することになるのだと思うところだ。

■木曜夜の解放感

前述のとおり、ないないづくしの「非常勤講師」だが、授業日程だけは講師に選択権がある。私の場合は週末に開催されることが多い管理組合の総会や理事会への出席を意識し、それらに最も影響がないという理由から授業は木曜日と決めている。授業の準備に時間がかかることは前述のとおりだが、毎回の授業に向けて準備を進め、１週間の仕事や生活全体をスケジューリングしている。基本的な部分は毎回変えるものではないが、前回の課題の結果や学生たちの間違えやすい点、それに学生からの質問などを次の授業に反映するようにしている。そのため、どうしても授業資料の作成に時間がかかってしまうのだが、資料作成の準備が遅れている週の水曜日夜（授業前夜）は、結構なプレッシャーが付きまとうものだ。何が何でも完成させなければならず、後がないという状況に陥る。それをなんとか完成まで漕ぎつけ、事なきを得るというのが今の日課になっている。

明けて授業当日。家を出て授業が始まってしまえば、後はあっという間に終わる。こんな1週間の繰り返しになるのだが、無事に全コマの授業を終えてスクールバスに乗り込み大学を後にするとき、この1週間のヤマを越え、すべて終わった解放感に浸れるのだ。「ああ、終わった！」この何とも言えない安堵感。締め切りに追われて原稿を提出終えた気分と同じだ。この解放感があるから、頑張れるのかもしれない。それだけ、自分にとって安らぎであるとともに、これが生活のリズムにもなっており、我ながらメリハリがついた生活だと実感する。

■「部長、転勤するってホントですか？」

新入社員と部長の役で繰り広げられたロールプレイング（読み合わせ）の最後は、新入社員を親身に指導してきた我らが「さくら商事」の熱血漢、山本部長が大阪に転勤し、部員たちとお別れする場面だ。「会社では人事異動、転勤は必ずあるもので、私はもう慣れているから、いつもどおりと思っているが、大阪勤務は初めてだ。もし出張の機会があったら、声をかけてくれ。美味しいタコ焼きでもごちそうするよ！」こう言って新入社員から花束

をもらう。そして「入社以来、よく頑張ってくれた。おおきに！」と慣れない関西弁で締めくくっている。最後の「出席メモ」からはこんなコメントがある。「学生ではなく社会人として扱われていたので、毎回少し気合を入れてました。毎回、ストーリーがあって課題に取り組む形だったので感情移入しやすかったです。だから、部長の移動（注釈：正しくは「異動」です。）なども少し寂しいと思いました」なんて言ううれしいコメントにまるで自分も送り出される部長の気分になる。

■授業はみんなで創るもの

「大学の授業は誰がつくる？」と尋ねたら、「講師がつくるものでしょ」と学生たちは何の疑問も感じないでそう答えるだろう。でももし、私がそう問われたら、「学生と講師が創るものだと思うよ」と答える。それは、どんなに講師が一人、気合を入れて頑張ったとしても、それに学生が乗ってこなければ授業は成立しないからだ。「授業崩壊」はその最たる結果であることを思い浮かべてもらえれば、お分かりいただけることだろう。

そんな私が、その日の授業は本当に「双方向」でできただろうかと自問することがある。特に学生の反応が今一つ分からないときなど、独りよがりの授業になっていなかっただろうかと不安になることがある。後になって「出席メモ」のコメントを読んで、学生がしっかり受け止めてもらえたことが分かって、その不安は杞憂に終わるのだが…。学生たちにこのことを話してもなかなか、理解してもらえないことは自分でもよく分かる。それは自分にも、かつての一般教養科目を冷ややかに見ていた遠い記憶があるからなのだが…。いずれにせよ、学生には授業に乗ってきてほしいし、そうなれる授業を目指していきたいと強く思っている。

■全てはチャレンジすることから

「授業資料が白黒1色でなく、私たち学生にも見やすいよう色と大きさに抑揚をつけてくださったお気遣いがとてもありがたかった」、「先生の授業は資料も解説も分かりやすくて、難しいビジネス文章も挑戦しようという気持ちにさせてくれました」など資料やプレゼンが分かりやすかったと言う嬉しいコメントがよくある。言われて悪い気はしないが、私自身「プレゼンテーション」が昔から得意だったのかと問われたなら、「そうではなかったよ」と答えるだろう。サラリーマン時代の会議での発表は緊張とともに、どちらかと言えば苦痛だった。それは資料作りにおいてもだ。それから今の世界に飛び込み、生活は一変した。仕事は管理組合の運営をリードしたり、セミナーの講師として人前に立ったり、否応なくプレゼンテーションを学ぶようになった。以来、場数を踏んで10年の月日を超え、今ではプレゼンテーションは苦にはならなくなってきた。

「食わず嫌い」という言葉があるが、文字どおり何でもやってみること。そして失敗を繰り返しながら、一歩一歩改善していくことが上達への秘訣なのだとつくづく思う。なので、学生からよくある「どうすればプレゼンテーション（またはビジネス文章表現）は上達しますか？」という問いには「失敗を恐れずに、チャレンジしてみることじゃないか」と答えるようにしている。

学期最後の「出席メモ」で、「ビジネス文章表現演習と初めに聞いたときは堅苦しくとっつきにくい授業なのかなと勝手に思っていました、すみません。しかし、一度書き方の基本形を覚えると、それに当てはめ、臨機応変に対応していくとどんどん書けるようになって、書いていくのが楽しかったです。難しいから無理とあきらめるのではなく、少しずつビジネス文章に触れる機会を増やしていき、今後も継続していき自信をもって書けるようになりたいと思います」のコメントには「そのとおりだよ。よく分かっているじゃないか」と返したい。無限の可能性のある学生たちの将来が楽しみだ。

「チャレンジ」と言えば、それは学生だけでなく、自分にも当てはまると思う。およそ４年前、還暦過ぎの〝新米講師〟が新たな世界に飛び込んだが、「チャレンジ」することはいくつになっても終わりはないことだと思う。生きていく限り、新たな「チャレンジ」を忘れずに歩んでいきたいものだ。

付録

「よかったら、少しだけビジネス文章を学びませんか…？」

学生からのコメントで毎学期に共通するのは、「初めは堅苦しいものと思っていたが、分かりやすかった」とか「初めは講義名が堅苦しくどんなふうに授業が進むのか、自分に理解ができるのかが不安でしたが、理解しやすい画像付きのパワーポイントと先生の柔らかな雰囲気のおかげで最後まで授業を受けることが出来ました」など。とっつきにくいビジネス文章表現を少しでも分かってもらうように、いろいろ工夫しているのだが、こうして「分かりやすかった」というコメントをもらうとモティベーションは高まるものだ。

本書をここまで読んでいただいた方に、実際の教材の一部をご紹介しようと思う。社会人として生活されている方々には、当たり前のことが大半だろうが、意外と知られていなかったり、ふだんスルーしていることもあるのではないだろうか。私自身、実務の中では言葉遣いについて、あまり深く考えることはなかったのだが、この付録が何らかの参考になれば光栄だ。またビジネス文章を熟知されている方は、この項は飛ばしていただければと思う。

（1）ビジネス文章基本公式

ビジネス文章がなぜ難しいか。それは普段からビジネス文章に接していないと、その構成がよく分からないからなのだと思う。それは無理もないことだ。そんな苦手意識を払拭するにはビジネス文章の公式を理解するに限る。これが分かると、それに沿ってあてはめていけばよいので伝えたいことの意図を理解していれば、意外なほどに作りやすくなるはずだ。そこで学生にはまず「ビジネス文章基本公式」を理解させるようにしている。それが188ページの図だ。

宛先には敬称「様」を付けるのは常識だが、「御中」もある。「出席メモ」で学生が、「母から『御中に直しなさい』と言われるたびに〝御中〟とは何か疑問だったのですが、団体宛では〝御中〟を使うと知って、ようやくスッキリしました」というように、知らなかったことは一つ一つ覚えていくしかないのだ。

ビジネス用語もこの基本公式も、ビジネス文章に慣れている方には何の変哲もないことになろうが、この基本が大事だ。

今思えば、自分が学生の頃、このような公式を見る機会もなかったし、教えてくれる人もいなかった。「この授業を取っている学生たちはなんて幸せなのだろう…」と手前味噌ながら思う。

★ビジネス文章基本公式

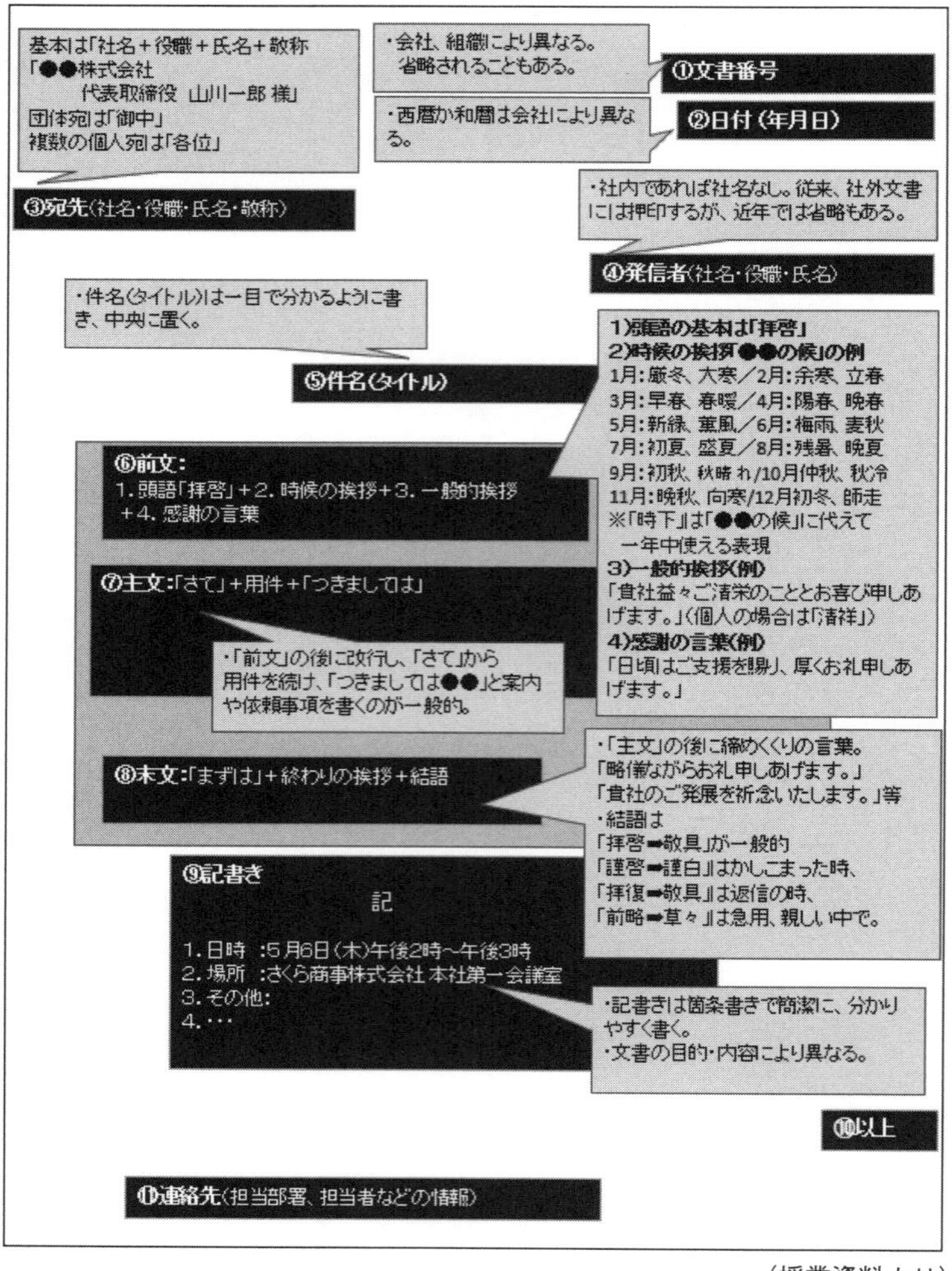

（授業資料より）

（2）できるだけ、ひらがなを使って読みやすく

学生たちにとってビジネス文章のイメージは、難解な言葉、堅苦しく、聞いたことがないような文章が漢字でぎっしりと綴られている。そのようなものではないだろうか。私たちが暮らす社会人の世界も似たり寄ったりで、漢字の嵐が吹き荒れているように思う。

ビジネス文章は難しい漢字で書くものと思っている節がある学生たちには、「それは違うよ」と授業の中ではその考え方を修正するようにしている。

これまで国は幾度もひらがなの利用を推奨してきた。古くは昭和27年の内閣府通知「公用文改善の趣旨徹底について」や、近いところでは令和3年の文化審議会国語分科会による「新しい『公用文作成の要領』に向けて（報告）」など難解な漢字を避けて分かりやすいひらがなで誰でも分かりやすいようにと呼びかけている。

近年、多くの外国人が日本を訪れるようになってきたが、やはり難解な漢字は共通の理解を阻むことになる。グローバル化、多様性の時代ならではの流れともいえよう。

●ビジネス文書で漢字をひらがなに直すのはなぜですか？（出席メモ質問より）

有難う御座います。致し兼ねます。畏まりました。左様でございますか。其之為。何処迄も。如何程でしょうか。如何様にも対処致します。畏れ多くも。所謂。然し。此処。何処。申し上げます。下さい。宜しく御願い致します。参ります。お待ち申して居ります。従いまして。此れ迄。又。御参集下さい。成程。此れ程。等々・・・。

今も随所で見られる堅苦しい表現

やわらかく、見やすく、わかりやすい表現へ

なぜ、ひらがなで書くのか（根拠）

●「公用文改善の趣旨徹底について」（昭和27年4月内閣府通知）

●新しい「公用文作成の要領」に向けて（令和3年3月文化審議会国語分科会）など

➡漢字ではなく**ひらがな**で表記する場合の例示

■動詞
ある、ない、いる、する、できる、～していただく…

■指示代名詞・連体詞・接続詞
ここ、これ、この、いわゆる、また、さらに、しかし…

■形式名詞
こと、とき、ため、ところ、～のうち、～のとおり…

■副詞
とても、いろいろ、ちょうど、すでに、たくさん…

■その他（感動詞、副助詞、接尾語的用法など）
ありがとう、お願い、ご指導、～ども、ため、
など、まで、ほど、くらい、よろしく…

目的：
社会の多様化にあわせ、誰もが読みやすく、分かりやすくするため

公用文（役所）のｶﾞｲﾄﾞﾗｲﾝであってビジネス社会では漢字使用も多い

漢字で書いても間違いではないが…

▲できるだけ、ひらがなを使って読みやすく…（授業資料より）

(3) 便利な言葉「時下」

ビジネス文章を書くうえで、従来は時候の挨拶がよく使われてきたが、昨今では季節感が薄れたり、効率が重視されたりで、時候の挨拶を使わないことが増えている。その代わりの言葉として使われているのが、「時下」だ。「時下」とは「この頃」を意味する言葉だが、「拝啓、時下ますますご清祥のことと、お喜び申しあげます」というお馴染みの表現になる。「時下」を使えば、陽春の候、盛夏の候、晩秋の候、厳冬の候など時候の挨拶を見つけ出し、あれこれ悩んで書く手間が省ける便利な言葉である。もっとも時候の挨拶は、「時候の挨拶、4月上旬」のようにネット検索すれば簡単に見つけられるので、無理して覚える必要はないことを学生には伝えている。

「今どきの学生気質」の章でも触れたが、「時下」という便利な言葉に対する学生の反応としては、「1年中使える『時下』がとても便利!」、「時下、大好きになった」と「時候の挨拶を使わなくて便利派」がいることは容易に想像できた。「出席メモ」でこんなコメント「私ちょっと社会人ムリそうです。ビジネス文章カタ苦しい。前文とか絶対いらん。私、NOでございます。でもスーパーキャリアウーマン目指してビジネス文章を極めたいです。とりあえず『時下』を使いまくります」と本音を語ってくれてその思いはよく分かる。「『時下』でもいいんだよ」とほほえましく、このコメントを見たものだ。

その一方で、日本の文化でもある「時候の挨拶を使っていきたいと考える派」もいる。

「時候の挨拶は同じ月でも様々な言い方があるのが面白い」や「時下という言葉は便利で使っていきたいと思いましたが、時候の挨拶に日本語の美しさを感じたので、文書を作るときはぜひ使っていきたいと思いました」、「季節によって時候の挨拶を細かく変えていくのはたいへんだと思いましたが、その季節の情景を挨拶に織り交ぜるのは日本語ならではないかと面白く感じました」と言うコメントを見ればお分かりただけるだろう。初めは学生の皆が便利な「時下」を支持するものと思っていたが、そうでもないことに意外さを覚えた。今どきの学生だからと、一括りでまとめて扱ってはいけないのだと改めて感じた。

(4)「清祥」と「清栄」／「健勝」の使い分けとは…

普段、何気なく使っている前文の挨拶用語「清祥」と「清栄」。「清祥」とは健やかで幸せなことを喜ぶと言う意味がある。一方の「清栄」は商売が繁盛し、栄えること。だから「清祥」は主に個人宛に、「清栄」は会社宛で、個人宛にも使われている。さらに、「清祥」とは健康で幸せな「今」のことを喜ぶのに対して、「健勝」はこれから先の健康を願うという意味合い（未来形）がある。だから末文で「皆様のご健勝を心より祈念いたします」となる。かつてサラリーマン時代、正直言ってこの違いは自分でもよく分かっていなかった。いざ、学生に教える立場になって、自らも学んだとつくづく思う。

他にも日本語ならではの微妙な使い分けがあることは興味深い。

例えば「配付」と「配布」。会議などで参加者のように特定な人に配るのが「配付」。それに対して不特定の人にばらまくのが「配布」。最近はあまり目にしなくなったが、駅前でのポケットティッシュはまさに「配布」になる。日本語の「同音異義語」は敬語とともに難しいものだといつもながら感じる。

使い分けではないが、同音異義語で間違いやすい言葉に「決裁」と「決済」がある。前者は裁量権がある人が判断を下すことで、後者は支払いにより取引が完了すること、と全く意味が異なるし、漢字をみれば違いは一目瞭然だ。それでも変換ミス（もしくは気づかないでスルー）ということがビジネス社会で多いことはご承知のとおりだ。学生にはそのことを今のうちから注意するようにとアドバイスしている。

(5) お詫び状にチャレンジ

ビジネス文章のなかでも「お詫び状」は難しい。信頼関係が崩れかかった相手にこちらのお詫びの気持ちを伝え、納得してもらわなければならない。このときに気を付けることは

(1) 相手の気持ちになって考えること
(2) 真摯に非（誤り）を認めること
(3) 原因の解明と再発防止策を提示すること

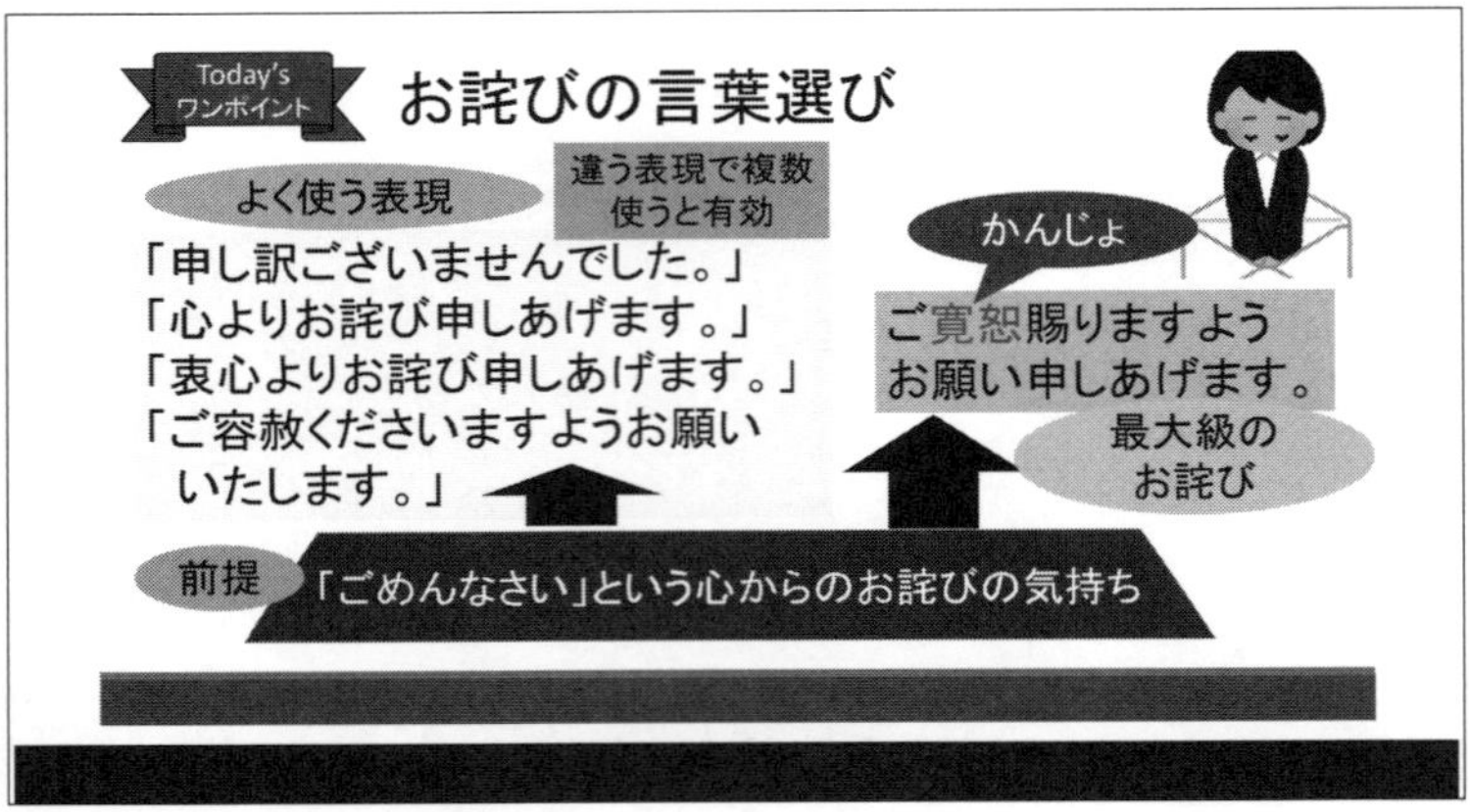

▲「お詫び状」の授業資料より

(4)適切なお詫びの言葉を使って表現すること（この場合同じ表現は繰り返し使わない「違う言葉」で表す）ことである。

これらの基本は当たり前と言えば、そのとおりだが、それが上手くいかないことが多い。

自分（又は組織）のミスをミスとして素直に誠実に認めるならば、文章は変わってくるはずなのだが、政治家も企業も個人も社会全体でも、保身や責任転嫁など言い訳が先行するばかりで、素直で誠実な対応ができないのは残念なことだ。

私たちはこうした基本を押さえて対応していくのだが、ビジネス社会には様々な「お詫び」の場面がある。場合によっては、それらが「理不尽なクレーム」であることもあるだろう。こういう場合は、こちらに非がなくても、相手（お客様）が

「不快に感じた点を謝ればよい」ことを学生に話すと学生からは「目からうろこだった。以前バイト先で理不尽なクレームにあったときに、上手く対応できなかったので、今後活用していきたい」と言った感じだ。このコメントからは、けっこうバイト先で苦労させられている状況を垣間見た思いがした。これからの対応にぜひ役立ててもらいたいものだ。

また苦情対応のプラスαとして、お客様からの苦情は単なる〝文句〟ではなく、改善のきっかけになる貴重なアクションになることもある。これを文章で表現すると、「この度は貴重なご指摘をいただき、ありがとうございました」である。苦情に対しては、単なる「申し訳ございません」の繰り返しだけでなく、もう一歩踏み込んで考えると解決に近づくこともある。そして苦情とは決して臭いものにふたをする扱いになってはならないのだ。

さらに、苦情対応にもお詫び状対応にも共通することだが、担当者一人の責任として押し付けるのではなく、組織全体で取り組むことが重要だ。いわば苦情対応は「チームプレー」であることを付け加えることにしている。するとバイトで社会経験のある学生の「出席メモ」で次のようなコメントがあった。「ビジネスの場で行われるお詫びの対応は、お詫びをすることになった原因を作った人が責任を持って対応するものであると考えていた。しかし、お詫びの対応は、一人だけでなく会社全体としてするものであり、時には周りの人と相談してお詫び状を書くことがあり、何かしらの不手際に対するお詫びをする際には一人で抱え込む必要がないことを知り、少し安心した」。社会人の世界を知らない学生たちにとって、どうなるか分からない、自分がミスをしたらどうしようという漠然とした不安が大きいことはよく分かる。社会人になることはたいへんだが、あまり深刻に考えすぎないことも必要なのだ。そして周囲の社会人経験者は新社会人たちを積極的にサポートしていくことを考えていきたいものである。

お詫び状を取り上げた授業の後の「出席メモ」にこんなコメントがあった。「『友だちがお詫び状が必要になったときに助けてあげることができた。そのときに、ネットで調べただけだと不安だったので相談できてよかった』と言われ嬉しかった」授業で習得したことを友人に教えて助けてあげられた。人に教えるということは自分で理解できていなければできないことであり、実践できたことは素晴らしいことだと心の中で拍手喝さいを送った。

(6) 社内文書「議事録」「稟議書」のいろは

「議事録」も「稟議書」も社会人の皆さんには今さらのことだが、社会人経験のない学生にはけっこう興味津々の単元だ。会議を「議事録」として記録する。議事録を作成するのは、会議で決まったことを明らかにすることはもちろんだが、参加者間のニュアンスの相違や場合によっては意見の食い違いを防ぐこと、また会議に出席していない人にも的確に内容を伝えるなど様々な理由がある。そんな「議事録」だが、生徒会や部活で「議事録」を書いた経験のある学生はほんの一握り。大半の学生にとっては初めての体験だ。「議事録」自体、書式も書き方も所属する組織によってまちまちで、共通のルールはないが、その目的は会議の流れと決定したことの記録だとするならば、的確に要約してまとめることが大切だ。しかし実際の「議事録」では発言者の意見をそのまま「議事録」として書くことも少なくない。いわゆる「発言録」とは異なることを理解する必要がある。国会会議録のような「発言録」では全部の意見を読まないと全体の流れが分からない。正確に記載されているように思えるが、枝葉末節の部分も含まれており、意外と使い勝手は悪いもの。だから「議事録」は、一言一句漏らさずに書き留めるのではなく、「会議の流れが誰にも一目で分かるようにしよう」と指導している。

「稟議書」に至っては学生には未知の世界のお作法だ。バイト経験者でも「稟議書」を書く人はまずいないだろう。「出席メモ」で「稟議書という言葉は母から聞いたことがあったが、実際はどんなものなのか知らなかったし、実際に書いてみて少し難しいなと感じた」。これが多くの学生の本音だろう。そんな複数の決裁権限者の承認を得る「稟議書」の手続きでは、決裁者が判断しやすい文章で表現することが大切だと教えている。ビジネス文章作成の基本「読む人の気持ちになって書く」ことは「稟議書」においても同じことである。プリンターの調子が悪くて買い替えの稟議を書く場面の課題を出した。学生の多くは、機能面のプリン

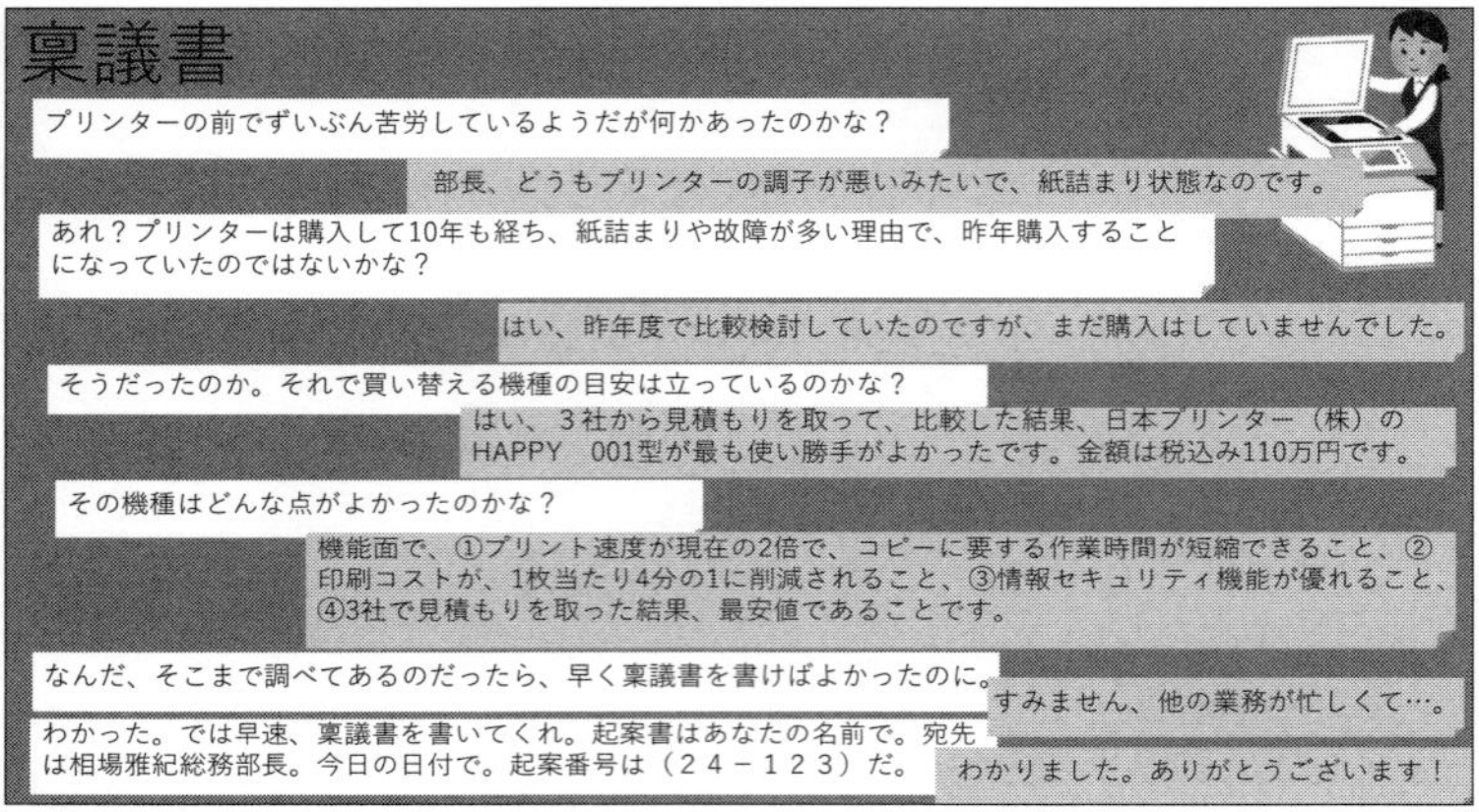
稟議書
プリンターの前でずいぶん苦労しているようだが何かあったのかな？

部長、どうもプリンターの調子が悪いみたいで、紙詰まり状態なのです。

あれ？プリンターは購入して10年も経ち、紙詰まりや故障が多い理由で、昨年購入することになっていたのではないかな？

はい、昨年度で比較検討していたのですが、まだ購入はしていませんでした。

そうだったのか。それで買い替える機種の目安は立っているのかな？

はい、３社から見積もりを取って、比較した結果、日本プリンター（株）のHAPPY　001型が最も使い勝手がよかったです。金額は税込み110万円です。

その機種はどんな点がよかったのかな？

機能面で、①プリント速度が現在の2倍で、コピーに要する作業時間が短縮できること、②印刷コストが、1枚当たり4分の1に削減されること、③情報セキュリティ機能が優れること、④3社で見積もりを取った結果、最安値であることです。

なんだ、そこまで調べてあるのだったら、早く稟議書を書けばよかったのに。

すみません、他の業務が忙しくて…。

わかった。では早速、稟議書を書いてくれ。起案書はあなたの名前で。宛先は相場雅紀総務部長。今日の日付で。起案番号は（２４－１２３）だ。

わかりました。ありがとうございます！

▲稟議書の課題実例（授業資料より）

ト速度が2倍とか、印刷コストが4分の1だとか、情報セキュリティ機能に優れることや、価格が最安値を選定理由に挙げる。それはそれで重要だが、そもそも故障して紙詰まりを起こし、印刷の都度取り除くために「業務に支障をきたしている」ことを書かないと、「稟議書を読む人（決裁者）は認めてくれないよ」と学生には伝えている。このあたり、授業の中で取り上げることにより社会人を体感した気分になってもらえたと思う。

余談だが、学生からこんな質問があった。「稟議書に上席のハンコをもらうため自分のハンコはお辞儀するように斜めに押すのですか？」この質問は一人だけではなく、複数の学生から同様の内容だったから驚きだ。これに対しては「ローカルルールとしてそのような習慣はあってもおかしくはないが、ＤＸ化の時代にそこまではしなくていいよ。もしハンコを押すなら、きれいにまっすぐ押した方が丁寧に見えるよ」と答えた。するとすかさず、「お辞儀ハンコについては都市伝説レベルのマナーだと知り、少し安心しました」のコメントが。それにしても、そんな習慣を教えている人が今もいるということなのだろうか…。

（7）「ビジネス文章のコツはなんですか？」

学生からよく質問を受けるのがこれ。「ビジネス文章のコツはなんですか？」毎回、慣れないビジネス文書作成に苦闘する中で、当然それが思い浮かぶのだろう。ビジネス文章は難解で堅苦しい文章というイメージがあるが、決してそうではなく、受け取った相手が読みやすく、分かりやすい文章であることが求められるのだ。だからこの質問には「ＴＰＯにあわせ、相手の気持ちになって考えてみよう。相手の気持ちになって文章表現することが〝コツ〟だよ」と答えている。

文章は時代によって変化している。平安貴族が「いとおかし」と言っていた時代から、武士の時代に入り「有難き幸せに存じ奉り候」へ、さらに近代の「拝啓、時下ますますご清祥のこととお喜び申しあげます」に移り変わっていく。時代とともに言葉や文章が変化していくことは歴史が証明している。今どきではファミレス言葉での「ご注文のドリンクになります」を経て「りょ。り。おけまる。あざまる。ぴえん。ぱおん。とりま。まじ超エモい…」

と私には理解できないような言葉に進化を続けている。時代に応じたその時代時代の言葉に合わせて使っていく、もちろん社会常識を踏まえることは当然のことだが、そんな柔軟性も必要なのだろうと思う。ビジネス文章表現の〝コツ〟は、相手のことを慮《おもんぱか》る気持ちを持つことが、最も求められる〝コツ〟ではないだろうか。

「出席メモ」では次のようなコメントもあった。「この授業で多く語られていたのは『TPO』ビジネス文章は型にはめて作るものではなく、個人が『相手に分かりやすく伝えたい』という気持ちをもって作ることが大切だと思った。言葉は時代とともに変化すると聞いて、自分がビジネス文章を学習するときは古い表現に縛られないようにしていきたい。この授業では将来のことなどたくさん学ぶことができました」学期の授業の最後にこのコメントを受け取り、もう何も言うことはない。しっかり分かっているじゃないかと、エールを送った。

ビジネス文章表現の蘊蓄《うんちく》をあれこれ、書き過ぎると教科書くさくなるので、この辺りで留めよう。皆さんも機会があったら、ビジネス文章表現を極めていただければと思う。

あとがき

拙い本書を最後まで、貴重な時間を使ってご覧いただいた読者には感謝あるのみ。本書で我が〝はみだし大学講師〟の〝楽しさ〟を伝えることができていたら幸いだ。

以前からこの楽しい世界の紹介を書いてみたいと思っていたが、目の前の忙しさに追われ、後へ後へでなかなか進まなかった。そんな時に「3冊目を書いてみないか」と背中を押してくれたのが、私をサラリーマンから今の充実した「セカンドライフ」の世界へ導いてくれた人、私にとっては神様のような人の存在だった。以来、電車の中で10分とか、朝寝床の中で思いついたことを朝食前の15分で書きなぐったり、寝る前の深夜のひとときに静かに書き足したり、文字どおり寸暇を惜しんで書いてきた。1冊の本にするのに必要な文字数は10万字と言われている。なかなかこれだけの文字数を書き溜めるのは時間がかかる。でも、少しずつ書くことが日課になると、これまた楽しいものだ。一歩一歩ゴールに向かって進む達成感とも言えるのだろう。

ある日の大学からの情報メール。今年度の成績優秀学生に送られる奨学金対象者の通知だった。中を見ると見覚えのある名前が何人も。授業で頑張っていた学生のことは印象深く残っている。今も頑張っていることが分かり、まるで自分が選ばれたような、うれしい気分になる。また別のある日、偶然手にした大学広報紙、その中に昨年受講していた学生がサークル活動の会長としてコメントとともに紹介されていた。「学生生活を充実させて頑張っているな」とほほえましくなる。4年前、初めて担当した授業のとき1年生だった学生は、この4月に社会に羽ばたいた。メディアで女性起業家やコメンテーターなど社会で活躍する女性を目にすると、教室の学生たちが、いつの日か社会で活躍する姿が目に浮かんでくる。手前味噌かもしれないが、授業で伝えたことが何かのきっかけになってくれたらいいなと、思いを馳せる。

サラリーマンを卒業した後の私の「セカンドライフ」はマンション管理士として、管理組合運営の支援にやりがいを感じ、「これが天性だ」と、そのままずっと専念するつもりでいた。それが、縁あって「大学講師」という楽しいもう一つ別の世界を知ることができた。

かつて義理の父が国鉄を退職し、経営者として迎えられた2社目の会社で、若手社員向けに手弁当で経営講座を開講していた。経営哲学など自分の生きざまを伝えていたようで、その様子をいきいきと話してくれたのが思い起こされる。今思うと、ちょうど今の私の年頃ではないだろうか。後進への指導は、まさに自己実現そのものであり、やりがいがあるものだと、今の自分を重ね合わせながら実感する。初めての授業から4年の月日が過ぎ、5年目に突入している。

どうしてそこまで時間をかけ、たいへんな思いをしてやらなければいけないのか。給料に見合う程度に〝ほどほどの仕事〟でもよいのに、なぜなのだろう。割り切って手を抜いて、もっと楽すればいいではないかと、時々自問することはある。でもそれはできない。なぜなら、それはお金のためにしているわけではないからだ。

ホノルルでの駐在員時代、日本人ムラ社会で苦楽を共にした友人のことはこの本の中でも紹介したが、現在マニラに勤務している彼にはＺＯＯＭを通してゲストスピーカーとして授業に登壇してもらっている。帰国時には昼飲みするなど親交がある。そんな友人から「飯田さんの仕事は自分のやってきたことを体系化して、後世に伝えている」と言う言葉が酔った中で出てきた。「後世に伝える」そんな大それたことをしているつもりはないのだが、「自分の使命として、それを実現させることだ」と言われれば、確かにそのとおりである。今、自分がやっていることは、自分がやりたいことであり、やって楽しいからやるだけなのだ。言い換えれば、自分の可能性を追求する「自己実現」の一部分なのである。もはや誰かに認めてもらいたくてではなく、自分ができることをとことん極めていきたいということだけなのだ。まさにマズローの５段階欲求説の最上位の欲求「自己実現」である。それが「後世に伝えられる」なんて面と向かって言われるとは、なんて幸せなことだろう。

教員としての資格や特別のスキルを持っているわけでもない。ごく普通のサラリーマンが今「セカンドライフ」で大学講師という、こんなに有意義で楽しい世界にいられることに感謝するばかりだ。本書を通して、何がそんなに楽しい世界なのか、その一端を伝えることができたなら、このうえもなく光栄だ。「セカンドライフ」は十人十色。興味を持ったどんな分野であれ、楽しみながら過ごせる世界を実現できることは幸せだとつくづく思う。

ある日入試課から連絡が入った。前述の期末課題で大学紹介を提出した学生による「オープンキャンパス」でのプレゼンが決まったとのこと。一つの課題から発展して大学の広報活動に抜擢されるという日がついに実現することになったわけだ。この日、大ホールにはすでに多くの高校生と保護者が集まっていた。ほどなくして学長の挨拶が、それに続けてこの学生のプレゼンが始まった。笑顔でハキハキと自分の言葉で、自分が通う大学の魅力を紹介している姿を目にすると最後の授業から2年間の成長を感じないではいられない。まるで我が子の成長を見るのと同じものを感じた。これぞ、講師冥利に尽きると言って過言ではないだろう。

最後にもう一つ学生のコメントを紹介したい。「これまで、15回の授業を通して、ビジネス文章とは何か学べた。最初授業が始まった時は、何でこんな難しい授業を取ってしまったのかと正直思っていた。実際に、ビジネス文章を書く課題が出て、最初は苦戦しながら、試行錯誤しながらビジネス文章の作成をしていました。しかし、回を重ねるごとに、ビジネス文章を書くという行為に慣れはじめ、上手く書けるようになり、どこか楽しんでいる自分がいました。様々なことを学び、色々な知識が付いていることを感じることができ、とてもこの授業を取ってよかった。と心から思うことができました」。こんな受け止めしてくれる学生がいるからこそ、この仕事、私の「セカンドライフ」は楽しいのだとつくづく思う。

再び新学期。新入生を迎え、気分も一新。だから大学講師のお仕事は気力、体力が続く限り、これからも関り続けていきたいと思う。ああ、この楽しく素晴らしい世界よ…。

２０２４年９月

飯田 勝啓（いいだ・かつひろ）

1958年生まれ。早稲田大学商学部卒業後、大手クレジットカード会社に勤務。54歳で早期リタイアを実現し、現在「セカンドライフ」を謳歌する元サラリーマン。ワンルームマンション賃貸に出会ったことをきっかけに賃貸経営、マンション管理士の世界へ飛び出す。その傍ら教員資格はなかったものの、縁あって女子大講師となる。そこでの学生との交流が楽しく、「セカンドライフ」を考える人々に、この楽しさをありのままに紹介したいと本書の執筆に至る。ハワイをこよなく愛し、アロハシャツで住み慣れたホノルルシティを闊歩するのが趣味。「セカンドライフは楽しく！」がモットー。

URL：https://www.mankanken.com
e-mail：mankanken@kpa.biglobe.ne.jp

ようこそ、大学講師。このめちゃ楽しい世界へ。
～Z世代の学生たち1039人との交流日記～

2024年11月22日　第1刷発行

著　者　　飯田勝啓

発行人　　大杉　剛
発行所　　株式会社 風詠社
　　　　　〒553-0001 大阪市福島区海老江5-2-2 大拓ビル5 - 7階
　　　　　TEL 06（6136）8657　https://fueisha.com/
発売元　　株式会社 星雲社（共同出版社・流通責任出版社）
　　　　　〒112-0005 東京都文京区水道1-3-30
　　　　　TEL 03（3868）3275
印刷・製本　シナノ印刷株式会社

ISBN978-4-434-34900-3 C0095